ALLES IN DIE
MITTE

ONUR ELCI
ELISSAVET PATRIKIOU

ALLES IN DIE MITTE

~ ESSEN, DAS VERBINDET ~
EINE REISE UM DAS MITTELMEER

EIN PAAR WORTE VORWEG

Die Kultur des Teilens

Das Mittelmeer ist mehr als nur eine geografische Region. Es ist eine Idee, ein Gefühl, eine Heimat – ein Schmelztiegel aus Geschichten, Kulturen und Traditionen. Seit der Antike ist diese Region nicht nur ein Treffpunkt, sondern ein Raum, in dem Identitäten entstanden, verschmolzen und weitergegeben wurden. Genau hier beginnt auch die Geschichte meiner Küche.

Das Mittelmeer steht für das Teilen. Es ist eine Kultur des gemeinsamen Brotbrechens, der Olivenbäume, des Weins und der vollen Tische. Egal ob man in der Levante Hummus teilt, in Griechenland ein Stück Pita bricht oder in Spanien Tapas weiterreicht – Essen ist hier mehr als nur Nahrungsaufnahme. Es ist ein sozialer Akt, ein Ritual, das seit Generationen gepflegt wird. Essen ist Kultur. Es ist Tradition. Und vor allem: Es verbindet.

Mit diesem Buch möchte ich meine persönliche Hommage an diese Tradition schreiben. Ich bin in Ankara geboren und in Istanbul aufgewachsen, einer Stadt, die wie keine andere die Brücke zwischen Orient und Okzident schlägt. Schon in meiner Kindheit war Essen ein festes Ritual, ein Moment der Verbindung. Ob beim Kochen mit meiner Oma, beim Marktbummel mit meinem Vater oder beim gemeinsamen Essen mit der Familie – die Aromen von Gewürzen, der Geschmack von Oliven und die Wärme frisch gebackenen Brots waren allgegenwärtig.

Mit 17 zog es mich nach Spanien, wo ich in Bilbao Abitur machte und eine der bedeutendsten kulinarischen Kulturen Europas kennenlernte. Die Einfachheit der Pintxos, die Liebe zum Wein und die Magie eines voll besetzten Tischs haben mich geprägt. 2002, mit 19 Jahren, begann mein Berufsleben in Hamburg. Historiker wollte ich werden, doch die Gastronomie rief lauter.

Meine Reise in die Gastronomie begann ich als Barkeeper, tauchte in die Welt der Aromen ein und fand schließlich meine Berufung in der Küche. Von 2009 bis 2023 war ich Teil des Hamburger Kochkollektivs »Kitchen Guerilla«, mit dem ich die Esskulturen vieler Länder hautnah erleben durfte – von Griechenland und Italien über Portugal, Frankreich und Kroatien bis hin zu Albanien, Israel, Zypern und meiner Heimat, der Türkei. Seit 2023 widme ich mich mit meinem neuen Projekt »Speis & Trank« den Themen, die mir besonders am Herzen liegen: Mezze und Wein. Als Koch, Sommelier und vor allem als Gastgeber möchte ich mit meiner Arbeit Menschen verbinden und die Freude an Gemeinschaft und Gastfreundschaft teilen.

Mir ist natürlich bewusst, dass ich mit den knapp 80 Rezepten in diesem Buch dem Kulturraum und der Vielfalt des Mittelmeers nicht gerecht werden kann. Dieses Buch ist kein vollständiger Atlas der mediterranen Küche, sondern ein bescheidener Einblick in eine Welt, die so viel reicher und bunter ist. Bitte verzeiht mir, dass ich für jede Region nur eine kleine Auswahl treffen konnte – eine Auswahl, die mir persönlich am Herzen liegt und die ich gerne mit euch teilen möchte.

Türkei, Spanien und Griechenland nehmen in diesem Buch einen besonderen Platz ein. Zu den ersten beiden Ländern habe ich eine enge und persönliche Verbindung. Spanien hat mich geprägt, während ich in Bilbao lebte und die Liebe zu Tortilla, Wein und Pintxos entdeckte. Die Türkei, meine erste Heimat, ist in meinen Rezepten immer spürbar – von den Aromen der Meyhane-Kultur bis zu den traditionellen Süßspeisen, die ich in meiner Kindheit genossen habe. Und Griechenland? Griechenland ist nicht nur die Heimat meiner tollen Co-Autorin und guten Freundin Elissavet Patrikiou, sondern auch die Wahlheimat meines Vaters. Es ist ein Land, dem ich mich emotional sehr verbunden fühle. Für mich bildet Griechenland das westliche Ufer der Ägäis, während die Türkei das östliche darstellt. Diese Verbindung macht Griechenland zu einem Land, das ich kulinarisch und persönlich zutiefst schätze.

Elissavet hat dem Buch mit ihren stimmungsvollen Bildern Leben eingehaucht. Sie hat das, was auf meinen Tellern liegt, mit ihrer Kamera eingefangen und für das Auge und das Herz greifbar gemacht. Unsere gemeinsame Arbeit war ein Geschenk und ich hoffe, dass unsere Freude auf jeder Seite spürbar wird.

Dieses Buch ist eine Einladung, die Geschichten und Aromen der Levante, der Türkei, Griechenlands und des westlichen Mittelmeers zu entdecken. Und es ist eine Einladung, die Tradition des Teilens mit Familie und Freunden zu zelebrieren – »Alles in die Mitte« zu stellen und gemeinsam zu genießen.

Meine Rezepte sind geprägt von meiner Reise. Sie sind simple, aber raffinierte Interpretationen klassischer Gerichte, die ich so liebe und mit dir teilen möchte. Von cremigem Hummus bis zu Pistazien-Kebab, von Zaziki mit grünem Apfel bis zu gegrilltem Pulpo – jedes Gericht ist ein Teil von mir und meiner Geschichte.

Ich wünsche euch viel Freude beim Lesen, Nachkochen und vor allem beim Teilen. Denn wie wir im Mittelmeerraum sagen: Das beste Essen ist das, das wir gemeinsam genießen.

Euer Onur

SETCARD

Italien, Spanien und Portugal, einst Königreiche und Imperien, sind ein Schmelztiegel unterschiedlicher Völker und die kulinarische Seele zwischen Land und Meer. Sie verzaubern heute mit Küchen, die traditionelle Handwerkskunst mit vielfältigen Einflüssen verbinden. Jedes Gericht ist eine Hommage an diese reiche Kultur und ein Fest der Sinne.

In der griechischen Küche lebt die Reinheit der Ägäis: Die besten Zutaten, die Land und Meer zu bieten haben, verschmelzen zu einer Liebeserklärung an die Natur und die Jahreszeiten. Die Aromen des Mittelmeers werden in ihrer reinsten Form gefeiert. Einfach, aber nicht banal, und immer auf den Punkt.

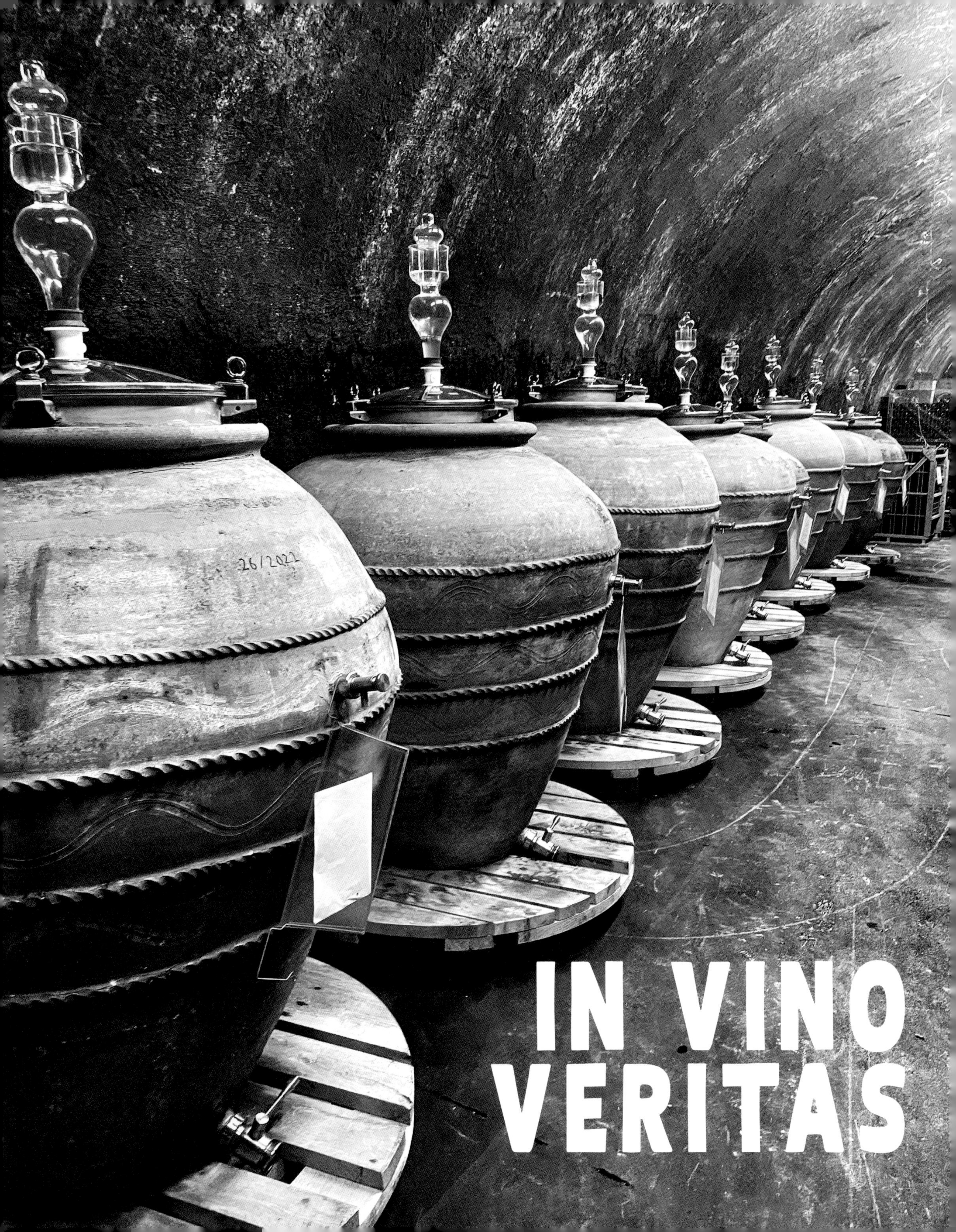

IN VINO VERITAS

IN VINO VERITAS

Schon die alten Römer wussten, wie wichtig Wein ist – als Genussmittel, aber auch als kulturelles Bindeglied. Die Mittelmeerregion ist nicht nur ein geografischer Raum, sondern ein Ort der Begegnungen, Geschichten und Traditionen. Sie ist die Wiege des Weins und vieler anderer Getränke, die die Tische schmücken, aber auch Kulturen verbinden. Dieses Buch möchte die Tradition dieser Genusskultur feiern und vor allem inspirieren und dazu einladen, den eigenen Horizont zu erweitern. Es lohnt sich, die Weine, Spirituosen und Getränke der mediterranen Welt zu entdecken, denn sie sind Teil einer jahrtausendealten Geschichte und immer eng mit der Küche und den Menschen dieser Regionen verbunden.

Ein Getränk für besondere Anlässe

Die Entdeckung des Weins reicht in eine Zeit weit vor der Antike zurück. Vor etwa 8000 Jahren begannen unsere Vorfahren im heutigen Georgien damit, Trauben anzubauen und deren Saft zu vergären. Damit schufen sie den ersten Wein und legten den Grundstein für eine der ältesten und beständigsten Genusskulturen der Welt. In der Levante und in Anatolien wurde dieses Wissen verfeinert und später mit den Phöniziern bis nach Europa verbreitet. Anders als Bier, das in Mesopotamien eher als Grundnahrungsmittel galt, war Wein schon damals ein Genussmittel – ein Getränk für Rituale, Feste und besondere Momente.

Wein hat die Menschen des Mittelmeerraums über Jahrtausende begleitet. Er war nicht nur Handelsgut, sondern auch ein Symbol für Gastfreundschaft, Lebensfreude und Geselligkeit. Die Griechen feierten den Wein bei ihren Dionysos-Festen, die Römer machten ihn zum Mittelpunkt opulenter Gelage und im Mittelalter wurde er sogar als Zahlungsmittel genutzt. Doch Wein war immer mehr als eine Ware: Er spiegelte die Landschaft und Kultur seiner Herkunft wider – von den aromatischen Weißweinen Anatoliens über die eleganten Rotweine Italiens bis hin zu den kräftigen Tropfen Spaniens und Portugals.

Höherprozentige Essensbegleiter

Neben Wein haben auch Spirituosen wie Arak, Raki, Ouzo und Pastis einen festen Platz in der Ess- und Trinkkultur des Mittelmeers. Sie sind nicht nur Getränke, sondern Ausdruck einer Lebensart. Raki beispielsweise ist untrennbar mit der türkischen Meyhane-Kultur verbunden. Eine Meyhane ist weit mehr als nur eine Taverne, sie ist ein Ort der Begegnung, wo Mezze, Raki und lange Gespräche den Abend bestimmen. Ein Schluck Raki, ein Bissen Mezze und ein Lächeln – das ist der Rhythmus dieser Kultur, in der Essen und Trinken gleichberechtigt nebeneinanderstehen.

Ähnlich wird Ouzo in Griechenland zu Fisch und Mezze gereicht, während Arak in der Levante ein unverzichtbarer Begleiter zu Mezze-Platten ist. Pastis wiederum ist untrennbar mit der Provence verknüpft und verkörpert das Lebensgefühl Südfrankreichs. Was diese Anisspirituosen gemeinsam haben, ist ihre Rolle als verbindendes Element zwischen Speisen, Menschen und Momenten.
Sie begleiten das Essen, verstärken Aromen und schaffen eine Atmosphäre der Geselligkeit.

Auch Wermut und gespritete Weine wie Sherry und Port spielen eine wichtige Rolle in der mediterranen Genusskultur. Wermut, mit Kräutern und Gewürzen aromatisiert, stammt aus Italien, Spanien und Frankreich und wird traditionell als Aperitif serviert. Sherry aus Spanien und Port aus Portugal sind beliebte Digestifs und gleichzeitig vielseitige Begleiter von Speisen – sei es als Zutat oder als perfektes Pairing.

Dieses Buch möchte seine Leser dazu einladen, sich mit den Weinen und Getränken der Regionen auseinanderzusetzen, denn sie sind tief in der jeweiligen Esskultur verwurzelt. Ein Glas vulkanischer Weißwein aus Santorini, ein Sherry aus Andalusien oder ein Raki aus Anatolien sind mehr als nur Getränke – sie erzählen Geschichten. Geschichten von Landschaften, Menschen und Traditionen, die seit Jahrtausenden gepflegt werden.

Die mediterrane Ess- und Trinkkultur zeigt, dass Genuss immer auch Gemeinschaft bedeutet. Es geht nicht nur um Geschmack, sondern um das Teilen von Momenten, das Zusammenbringen von Menschen und das Bewahren von Traditionen.

LEVANTE

LEVANTE – WIEGE DER AROMEN UND TRADITIONEN

Die Levante, eine Region, die **Syrien, Libanon, Israel und Palästina** umfasst, ist mehr als ein geografischer Raum. Sie ist die Wiege der Zivilisation, das Zentrum uralter Kulturen und die Kreuzung von Religionen und Völkern. Hier entstanden einige der ersten Städte der Menschheit, hier wurde schon vor Jahrtausenden Weinbau betrieben und hier entwickelte sich eine Esskultur, die bis heute für Gemeinschaft und Koexistenz steht.

Die Levante ist ein Ort, der Geschichte atmet. Sie war einst das Herzstück des biblischen Mesopotamiens, die Heimat Babylons und Assyriens, und gilt als Heiliges Land für die großen monotheistischen Religionen – Judentum, Christentum und Islam. Über Jahrtausende hinweg lebten hier Araber, Armenier, Drusen, Griechen, Türken, Kurden, Assyrer und Juden zusammen. Ihre verschiedenen Traditionen verschmolzen, ohne ihre Einzigartigkeit zu verlieren. Die Küche der Levante ist ein Spiegel dieser Vielfalt – eine Geschichte von Respekt, Zusammenleben und der Feier des Teilens.

Essen wird in der Levante nie allein genossen. Alle Gerichte stehen in der Mitte des Tischs und werden geteilt. Diese Tradition des Teilens steht im Zentrum der Esskultur und symbolisiert die Einheit der Völker, die trotz aller Unterschiede über Jahrtausende hinweg bewahrt wurde.

In diesem Kapitel findest du Gerichte, die diese Kultur des Teilens verkörpern. Vor allem drei Klassiker sind die Basis für typische Mezze-Erlebnisse der Levante:

Hummus, die samtige Kichererbsenpaste, ist eines der bekanntesten Gerichte der Levante. In meiner Version wird es mit Olivenöl, gebackenem Blumenkohl und frischen Kräutern verfeinert, um die Tiefe der Aromen hervorzuheben. Ein weiterer Klassiker ist Muhammara, ein Dip aus gerösteter Paprika, Walnüssen und Granatapfelmelasse, der eine perfekte Balance aus Süße und Schärfe bietet. Auch Baba Ghanoush, die rauchige Auberginencreme, darf auf keinem Tisch fehlen. Die Auberginen dafür werden für ein intensives Aroma über offener Flamme geröstet und mit Tahin, Knoblauch und Zitrone zu einer herrlichen Creme verarbeitet.

Doch Mezze allein machen die Levante-Küche nicht aus. Frisches hausgemachtes Pitabrot spielt eine zentrale Rolle bei jeder Mahlzeit. Es ist nicht nur Beilage, sondern ein Werkzeug, um die Dips aufzunehmen und zu genießen. Meine Version des Pitabrots ist weich und leicht fluffig, perfekt zum Eintauchen in Hummus oder Muhammara.

Ein weiteres ikonisches Essen der Levante sind Falafeln – knusprige Bällchen aus Kichererbsen, die mit frischen Kräutern und Gewürzen verfeinert werden. Sie sind ein Symbol für die Straßenküchen der Region und werden oft mit Pita, Tahin und frischem Gemüse serviert.

Die Weinkultur der Levante ist so alt wie die Zivilisationen, die hier lebten. Im Bekaa-Tal im Libanon, einer der ältesten Weinbauregionen der Welt, werden bis heute exzellente Weine im Bordeaux-Stil produziert. Besonders beeindruckend sind die tiefroten Cuvées aus Cabernet Sauvignon und Syrah, aber auch die frischen, aromatischen Weißweine aus lokalen Rebsorten wie Merwah und Obeideh.

DIE LEVANTE IST DIE WIEGE DER ZIVILISATION UND DIE HEIMAT EINER ESSKULTUR, DIE VON GEMEINSCHAFT UND RESPEKT GEPRÄGT IST.

Die Tradition des Teilens wird nicht nur durch das Essen, sondern auch durch die Getränke unterstrichen. Arak, der klassische Anisschnaps der Levante, ist ein fester Bestandteil jeder Mahlzeit. Mit Wasser verdünnt und eisgekühlt serviert, passt er perfekt zu den würzigen und cremigen Aromen der Mezze und verstärkt die Geschmacksnoten auf elegante Weise.

Die Levante ist die Wiege der Zivilisation und die Heimat einer Esskultur, die von Gemeinschaft und Respekt geprägt ist. Dieses Kapitel ist eine bescheidene Einführung in das Morgenland, in das Leben der Menschen vor Ort und in die jahrtausendealte Tradition des Teilens. Es lädt dazu ein, die Aromen, Geschichten und die einzigartige Verbindung von Essen und Trinken zu entdecken, die die Levante so besonders machen.

ESSEN WIRD IN DER LEVANTE NIE ALLEIN GENOSSEN.

Lammspieße mit wunderbar zartem Fleisch und intensiven Aromen gehören zu den Klassikern der orientalischen Küche. Das saftige, in Joghurt und Paprikamark marinierte Lammfleisch gart in Gesellschaft von Zwiebeln und Paprika auf dem Grill zu einem intensiven, würzigen Geschmackserlebnis.

LAMMSPIESSE MIT SUMACH-ZWIEBELN

Für die Lammspieße
- 150 g Joghurt
- 2 EL Paprikamark
- 2 EL Olivenöl
- Saft von ½ Zitrone
- Salz
- Pfeffer
- 1 TL Kreuzkümmel (optional)
- 600 g Lammfleisch (Schulter oder Keule)
- 2 rote Paprika
- 2 Zwiebeln

Für die Sumach-Zwiebeln
- 2 große rote Zwiebeln
- 1 EL Sumach
- 1 EL Olivenöl
- Saft von ½ Zitrone
- Salz
- 1 EL grob gehackte Petersilie

Für das Lavash-Bett
- 4 Tomaten
- 2 EL Olivenöl
- Salz
- 4 Lavash-Brote (oder dünnes Fladenbrot)

Außerdem
- 4–8 Holz- oder Metallspieße (s. Tipp)

1 Für die Lammspieße in einer Schüssel Joghurt, Paprikamark, Olivenöl, Zitronensaft, Salz, Pfeffer und Kreuzkümmel verrühren.

2 Das Fleisch in daumengroße Würfel schneiden, mit der Joghurtmarinade mischen und im Kühlschrank mindestens 2 Std. (oder über Nacht) durchziehen lassen.

3 Für die Sumach-Zwiebeln die roten Zwiebeln schälen, halbieren und in feine Halbringe schneiden. Die Zwiebeln mit den restlichen Zutaten in einer Schüssel mischen und beiseitestellen.

4 Die Paprika waschen, halbieren, weiße Trennwände und Kerne entfernen. Die Zwiebeln schälen. Paprika und Zwiebeln in daumengroße Stücke schneiden.

5 Lammfleisch, Paprika und Zwiebeln abwechselnd auf Spieße stecken. Die Spieße auf dem Grill oder in einer Grillpfanne bei mittlerer Hitze in 8–10 Min. goldbraun grillen, dabei immer wieder wenden.

6 Für das Lavash-Bett die Tomaten waschen, halbieren, mit dem Olivenöl bestreichen und mit Salz würzen. Die Tomaten auf dem Grill oder in einer Grillpfanne mit den Schnittseiten nach unten etwa 5 Min. grillen, bis sie weich und leicht schwarz sind.

7 Die Lavash-Brote auf die Teller legen. Die Sumach-Zwiebeln und die Petersilie auf den Broten verteilen. Die gegrillten Lammspieße auf das Lavash-Bett legen und die Tomaten daneben anrichten.

Würzen: Ihr könnt die Spieße nach Belieben würzen – mit Chili, Knoblauch, Kräutern oder sogar Miso. Es empfiehlt sich, die Gewürze direkt in die Marinade zu geben, damit sie ins Fleisch einziehen.

Gemüse: Traditionell nimmt man Paprika und Zwiebeln, aber ihr könnt kreativ sein und verschiedene Gemüsesorten ausprobieren.

Holzspieße: Spieße aus Holz müssen vor der Verwendung 30 Min. in Wasser eingelegt werden. So verhindert man, dass sie beim Grillen verbrennen. Für mehr Stabilität verwende ich gerne zwei Spieße.

Eine interessante Alternative zu den klassischen Lammspießen sind Pilzspieße. Pilze nehmen Marinaden leicht auf und überraschen so nach dem Grillen mit intensiven, köstlichen Aromen. Kombiniert mit Zwiebeln und Paprika sind sie ein herzhaftes vegetarisches Gericht, das auf keiner Grillplatte fehlen sollte.

PILZSPIESSE

- 150 g Joghurt
- 2 EL Paprikamark
- 2 EL Olivenöl
- Saft von ½ Zitrone
- Salz
- Pfeffer
- 1 TL Kreuzkümmel (optional)
- 400 g braune Champignons (oder andere feste Pilze)
- 4 Holz- oder Metallspieße

1 In einer Schüssel Joghurt, Paprikamark, Olivenöl, Zitronensaft, Salz, Pfeffer und Kreuzkümmel verrühren.

2 Die Pilze putzen, mit der Marinade mischen und im Kühlschrank mindestens 2 Std. durchziehen lassen. Die Pilze saugen die Marinade auf und werden weicher. Die geschmeidige Konsistenz verhindert, dass sie beim Aufspießen brechen. Die Holzspieße mindestens 30 Min. in kaltes Wasser einlegen.

3 Die Pilze auf die Spieße stecken. Die Spieße auf dem heißen Grill oder in einer Grillpfanne bei mittlerer Hitze in 8–10 Min. kräftig braun grillen, dabei immer wieder mal wenden.

4 Die gegrillten Pilzspieße nach Belieben auf Fladenbrot mit Tomaten, marinierter Petersilie und Möhrenstreifen anrichten oder mit leckeren Beilagen wie Hummus, Labneh und Sumach-Zwiebeln servieren.

Hummus ist das bekannteste Gericht aus der Levante. Schon im 13. Jahrhundert wurde Hummus in arabischen Texten erwähnt, sein Name stammt von dem arabischen Wort für Kichererbse. Hummus ist eine hochwertige vegetarische Energiequelle – herzhaft und nahrhaft. Die Levante kennt viele Varianten – in der Türkei mit Butter und Pinienkernen, in Syrien, Libanon, Palästina und Israel mit Olivenöl. Optional können auch Petersilie, Knoblauch, Rote Bete, Möhren und Gewürze wie Kreuzkümmel oder Zimt mitgemixt werden.

HUMMUS MIT BLUMENKOHL

Für den Hummus

- 250 g getrocknete Kichererbsen (oder 500 g gegarte Kichererbsen aus Glas oder Dose)
- 2 EL Natron
- 1 Frühlingszwiebel
- 1 EL Salz
- 3 Lorbeerblätter
- Saft von 1 Zitrone
- 180 ml Tahin (Sesampaste)
- 4 EL Olivenöl
- ½ EL Salz
- 100 ml Aquafaba (Kochwasser oder Einlegeflüssigkeit der Kichererbsen)

Für den Blumenkohl

- 1 kleiner Blumenkohl
- Salz
- Pfeffer
- 4 EL Olivenöl

Außerdem

- ein paar Stängel Kräuter (Dill, Minze, Petersilie)
- 1 rote Zwiebel
- 1 EL Tahin (Sesampaste)
- 2 EL Olivenöl
- 160 g eingelegtes Gemüse (Fertigprodukt oder selbst gemacht)
- Salz
- 1 Msp. Sumach
- 1 Schuss Einlegeflüssigkeit vom Gemüse

1 Am Vortag für den Hummus die Kichererbsen mit 1 EL Natron in Wasser einweichen und in den Kühlschrank stellen.

2 Am nächsten Tag die Kichererbsen in einem Sieb mit kaltem Wasser abspülen, dabei die losen Häutchen entfernen. Die Frühlingszwiebel putzen, waschen und halbieren. Die Kichererbsen in einem großen Topf mit reichlich Wasser, Salz, Lorbeerblättern, der Frühlingszwiebel und dem restlichen Natron in etwa 1–1½ Std. gar kochen, dabei die Häutchen immer wieder abschöpfen. Die Kichererbsen in ein Sieb abgießen und das Kochwasser auffangen (Aquafaba).

3 Die warmen Kichererbsen und die übrigen Zutaten in einem Standmixer oder in einem hohen Rührbecher mit dem Pürierstab zu einer cremigen Masse mixen. Für eine besonders cremige und luftige Konsistenz nach Belieben ein paar Eiswürfel hinzufügen oder den Hummus mit dem Kochwasser nach und nach bis zur gewünschten Konsistenz verdünnen.

4 Für den Blumenkohl den Backofen auf 165° Umluft vorheizen. Den Blumenkohl waschen und in mundgerechte Röschen zerteilen. Die Röschen in einer Schüssel mit 1 Prise Salz, Pfeffer und dem Olivenöl marinieren, auf einem mit Backpapier belegten Backblech verteilen. Den Blumenkohl im Backofen in etwa 25 Min. gar rösten.

5 Die Kräuter waschen, trocken schütteln und die Spitzen bzw Blätter abzupfen. Die Zwiebel schälen und in Streifen schneiden. Den Hummus auf tiefe Teller verteilen und mit dem Löffelrücken jeweils eine Vertiefung in die Mitte drücken. Das Tahin mit dem Olivenöl verrühren, dabei falls nötig noch einen Schuss heißes Wasser dazugeben. Die Mischung in die Mulde gießen. Blumenkohl und eingelegtes Gemüse am Rand verteilen. Kräuter, Zwiebel, Salz, Sumach und die Einlegeflüssigkeit in einer kleinen Schüssel mischen und in der Mitte anrichten.

Seidenglatter Hummus: Je mehr Kichererbsenhäutchen beim Kochen abgeschöpft werden und je höher die Drehleistung des Mixers ist, desto seidiger wird der Hummus.

Muhammara ist ein traditioneller Dip aus der syrischen Küche aus gerösteter roter Spitzpaprika, Walnusskernen und Granatapfelmelasse. Er hat einen einzigartigen süß-erdig-würzigen Geschmack. Man genießt ihn einfach mit frischem Brot, als Beilage zu gegrilltem Gemüse oder Fleisch oder als Teil einer Mezze-Platte.

MUHAMMARA

- 5 rote Spitzpaprika
- 100 g Walnusskerne
- 1 Knoblauchzehe
- Saft von ½ Zitrone
- 75 g Semmelbrösel
- 2 EL Granatapfelmelasse
- 1 EL Paprikamark
- 1 TL Kreuzkümmel
- 1 TL edelsüßes Paprikapulver
- Cayennepfeffer
- 6 EL Olivenöl (plus etwas mehr zum Beträufeln)
- Salz
- Pfeffer
- ½ Bund Petersilie
- 1 Handvoll gebackene Kichererbsen (optional)

1 Den Backofen auf 200° vorheizen. Die roten Paprika waschen und auf einem mit Backpapier belegten Backblech im Ofen (Mitte) 20–25 Min. rösten, bis die Haut schwarz wird und Blasen wirft (alternativ auf dem Grill rösten). Herausnehmen und zugedeckt abkühlen lassen. Die Haut abziehen, die Paprika aufschneiden, Stielansätze, Trennwände und Kerne entfernen.

2 Die Walnüsse in einer trockenen Pfanne leicht rösten, bis sie duften. Herausnehmen, abkühlen lassen und 25 g davon für die Garnierung beiseitelegen.

3 Den Knoblauch schälen und in feine Würfel schneiden. Paprika, Walnüsse, Knoblauch, Zitronensaft, Semmelbrösel, Granatapfelmelasse, Paprikamark, Kreuzkümmel, Paprikapulver, Cayennepfeffer und Olivenöl im Standmixer oder in der Küchenmaschine glatt pürieren. Je nach gewünschter Konsistenz mehr Olivenöl oder Semmelbrösel hinzufügen. Die Masse mit Salz und Pfeffer abschmecken.

4 Die Petersilie waschen, trocken schütteln, die Blätter abzupfen, fein schneiden und unterheben. Muhammara in eine Schüssel geben, mit etwas Olivenöl beträufeln und mit den übrigen zerbröckelten Walnüssen und optional mit ein paar Kichererbsen bestreuen. Nach Belieben mit gegrilltem Gemüse servieren.

Tipp: Die Spitzpaprika vor dem Backen im Ofen nur waschen, keinesfalls mit Öl einstreichen oder salzen. Sonst lässt sich die Haut anschließend nur noch mit Mühe abziehen.

Falafeln gehören zu den berühmtesten Gerichten der Levante und werden von Syrien bis Ägypten in zahlreichen Varianten geliebt. Während die Ägypter als Grundlage traditionell Saubohnen verwenden, setzen Syrer und Libanesen auf Kichererbsen. Mein Favorit ist eine Mischung aus beiden Hülsenfrüchten mit der perfekten Balance aus Geschmack und Textur. Das Ergebnis sind Falafeln, die außen knusprig und innen weich sind, voller Aromen und ideal für jede Mezze-Tafel.

FALAFELN MIT TAHINSAUCE

Für die Falafeln

- 250 g getrocknete Kichererbsen
- 250 g geschälte getrocknete Saubohnen (Fave)
- 1 Zwiebel
- 5 Knoblauchzehen
- ½ Bund Frühlingszwiebeln
- 1 Bund Petersilie
- ½ Bund Koriander
- 4 TL gemahlener Kreuzkümmel
- 2 TL gemahlener Koriander
- Salz
- Pfeffer
- 2 TL Backpulver
- ca. 1 l Öl zum Frittieren

Für die Tahinsauce

- 1 Knoblauchzehe
- 4 EL Tahin (Sesampaste)
- Saft von ½ Zitrone
- 1 TL Kreuzkümmel
- 1 EL Olivenöl
- Salz

1 Am Vortag für die Falafeln Kichererbsen und Saubohnen in einer Schüssel in reichlich Wasser einweichen und in den Kühlschrank stellen.

2 Am nächsten Tag die Hülsenfrüchte in ein Sieb abgießen, kalt abspülen und abtropfen lassen. Zwiebel und Knoblauch schälen und grob schneiden. Die Frühlingszwiebeln putzen, waschen und in grobe Stücke schneiden. Petersilie und Koriander waschen, trocken schütteln, die Blätter abzupfen und grob hacken.

3 Kichererbsen, Saubohnen, Zwiebel, Knoblauch, Frühlingszwiebeln, Petersilie, Koriander, Kreuzkümmel, gemahlenen Koriander, Salz und Pfeffer im Standmixer oder Blitzhacker grob pürieren. Die Masse sollte nicht zu fein sein, sondern noch etwas Textur haben.

4 Die Masse in einer Schüssel mit dem Backpulver mischen und zugedeckt im Kühlschrank mindestens 30 Min. ruhen lassen.

5 Aus der Masse walnussgroße Bällchen oder kleine Patties formen. Falls die Masse zu feucht ist, etwas Mehl oder Kichererbsenmehl untermischen.

6 Für die Tahinsauce den Knoblauch schälen und in kleine Würfel schneiden. In einer Schüssel Tahin, Knoblauch, Zitronensaft, Kreuzkümmel und Olivenöl mit etwa 2 EL Wasser glatt rühren. Die Sauce sollte cremig, aber leicht fließend sein. Mit Salz abschmecken.

7 Das Öl in einem großen Topf oder einer tiefen Pfanne auf etwa 180° erhitzen. Die Falafeln portionsweise ins heiße Öl geben und 3–4 Min. frittieren, bis sie goldbraun und knusprig sind, dabei zwischendurch drehen oder wenden, damit sie gleichmäßig frittiert sind. Die Falafeln herausheben und auf Küchenpapier abtropfen lassen.

8 Die Falafeln mit der Tahinsauce genießen. Nach Belieben mit eingelegtem Gemüse und marinierten Kräutern oder in einem Pitabrot mit Salat und Gemüse servieren.

Blumenkohl zählt zu den vielseitigsten Gemüsesorten und ist in der Küche nahezu grenzenlos einsetzbar. Ob als Suppe, Püree, frittiert oder gebacken – Blumenkohl ist die ideale Basis für kreative Rezepte. In diesem Gericht wird er im Ganzen gebacken, bis er außen knusprig und innen zart ist. Kombiniert mit einer cremigen Tahin-Joghurt-Sauce und gerösteten Mandeln entsteht ein beeindruckendes Gericht mit nussigem Aroma, knackiger Textur und erfrischender Säure. Es kann als Hauptspeise oder Beilage serviert werden.

GEBACKENER BLUMENKOHL MIT TAHIN-JOGHURT-SAUCE

Für den Blumenkohl

- 1 Blumenkohl
- 3 Lorbeerblätter
- Salz
- 2 Frühlingszwiebeln
- 2 EL Olivenöl
- Pfeffer

Für die Joghurtsauce

- 1 Knoblauchzehe
- 150 g griechischer Joghurt
- 3 EL Tahin (Sesampaste)
- Saft von ½ Zitrone
- 1 EL Olivenöl
- Salz

Für das Topping

- 50 g Mandelblättchen

1 Den Blumenkohl putzen, waschen und mit den Lorbeerblättern in einem großen Topf in Salzwasser 5–7 Min. blanchieren, bis er etwas weicher ist. Herausheben, abtropfen lassen und trocken tupfen. Den Backofen auf 200° vorheizen.

2 Die Frühlingszwiebeln putzen und waschen. Den Blumenkohl und die Frühlingszwiebeln auf ein Backblech legen, beides mit dem Olivenöl einreiben und mit Salz und Pfeffer würzen. Den Blumenkohl und die Frühlingszwiebeln im Backofen (Mitte) in etwa 30 Min. goldbraun und knusprig backen.

3 Für die Joghurtsauce den Knoblauch schälen und fein würfeln. Den Joghurt in einer Schüssel mit Knoblauch, Tahin, Zitronensaft, Olivenöl und etwa 2 EL Wasser glatt rühren. Die Sauce sollte cremig, aber leicht fließend sein. Mit Salz abschmecken.

4 Für das Topping die Mandelblättchen in einer trockenen kleinen Pfanne bei mittlerer Hitze goldbraun rösten, dabei häufig durchrühren, damit sie nicht verbrennen.

5 Den Blumenkohl und die Frühlingszwiebeln auf einer großen Platte anrichten. Die Joghurtsauce großzügig darübergeben und mit den gerösteten Mandeln bestreuen.

Ob in Griechenland oder in der Türkei – geschmorte Auberginen sind Klassiker in beiden Länderküchen. Die Kombination aus weich gegarter Aubergine, karamellisierten Zwiebeln und einem knackigen Topping in Form von Mandelblättchen und fruchtigen Granatapfelkernen verleiht dem Gericht eine überraschende Tiefe und Textur. Ganz einfach und ideal zum Teilen.

AUBERGINE MIT SÜSSEN ZWIEBELN UND GRANATAPFEL

- 2 weiße Zwiebeln
- 4 EL Olivenöl
- 2 EL Zucker
- Salz
- 2 große Auberginen
- Pfeffer
- 1 Granatapfel
- 50 g Mandelblättchen
- ein paar Stängel Petersilie, Minze und Dill
- 2 EL Zitronensaft
- 2 EL Granatapfelmelasse

1 Die Zwiebeln schälen und in feine Streifen schneiden. In einer Pfanne 1 EL Olivenöl erhitzen und die Zwiebeln darin mit dem Zucker und 1 Prise Salz bei mittlerer Hitze in 10–15 Min. goldbraun und weich schmoren, dabei gelegentlich durchrühren.

2 Den Backofen auf 200° vorheizen. Die Auberginen waschen, längs halbieren und das Fruchtfleisch über Kreuz einritzen, ohne die Schalen durchzuschneiden. Die Hälften mit 2 EL Olivenöl bestreichen, mit Salz und Pfeffer würzen. Die Auberginen mit den Schnittflächen nach oben auf ein Backblech legen und im Ofen (Mitte) in 20–30 Min. goldbraun backen. Die Zwiebeln darauf verteilen und 5 Min. mitbacken. Die Auberginen sollten kross bleiben und die Zwiebeln nicht zu weich werden.

3 Den Granatapfel aufbrechen und die Kerne herauslösen. Die Mandelblättchen in einer trockenen Pfanne nach Belieben langsam goldbraun rösten. Die Kräuter waschen, trocken schütteln und die Blätter bzw. Spitzen abzupfen. In einer kleinen Schüssel das restliche Olivenöl (1 EL), Zitronensaft, Granatapfelmelasse und 1 Prise Salz verrühren und mit den Kräutern mischen.

4 Die Auberginen auf Teller legen, mit den Mandelblättchen und Granatapfelkernen bestreuen und mit dem Kräutermix garnieren.

Pita ist für mich eines der vielseitigsten Brote überhaupt. Ob als Beilage zu zahllosen Gerichten oder gefüllt mit köstlichen Zutaten – Pita ist ein wahres Wunder der Levante. Es besticht durch seine Schlichtheit und man benötigt weder Ofen noch Küchenmaschine. Seine Zubereitung ist so einfach, dass man sich fragt, warum man es nicht schon immer selbst zubereitet hat.

PITABROTE NACH LEVANTE-ART

Für den Vorteig
- 100 g Mehl (Type 00)
- 1 g Trockenhefe

Für den Hauptteig
- 200 ml lauwarmes Wasser
- 400 g Mehl (Type 00)
- 5 g Trockenhefe
- 25 g Zucker
- 10 g Salz

1 Am Vorabend für den Vorteig Mehl mit 100 ml lauwarmem Wasser und der Trockenhefe in einer Schüssel verrühren. Den Vorteig abgedeckt bei Zimmertemperatur über Nacht ruhen lassen.

2 Am nächsten Tag für den Hauptteig den Vorteig mit Wasser, Mehl, Hefe und Zucker vermischen. Das Salz dazugeben und alles auf der Arbeitsfläche in 7–10 Min. zu einem glatten, elastischen Teig verkneten (nach Belieben die Küchenmaschine dafür verwenden). Falls der Teig zu trocken ist, zwischendurch die Hände mit Wasser anfeuchten.

3 Den Teig zu einer Kugel formen und in eine Schüssel legen. Mit einem Tuch abgedeckt etwa 1½ Std. ruhen lassen, bis sich sein Volumen nahezu verdoppelt hat.

4 Den Teig in acht Stücke à etwa 100 g teilen. Jedes Stück zu einer Kugel formen und mit einem Tuch abgedeckt 10 Min. ruhen lassen.

5 Die Teigkugeln mit einem Nudelholz zu etwa 5 mm dicken Kreisen ausrollen. (Man kann die Kreise auch mit der Hand formen.) Die Teigfladen auf und mit einem Küchentuch bedeckt 20 Min. ruhen lassen.

6 Eine große, schwere Pfanne 3–5 Min. bei mittlerer Hitze erhitzen. Die Hitze auf mittlere bis niedrige Stufe reduzieren. Einen Teigfladen mit der Seite, die vorher auf dem Tuch lag, in die Pfanne legen. Nach 10 Sek. wenden. Nach weiteren 10 Sek. erneut wenden. Diesen Vorgang wiederholen, bis sich eine Tasche bildet und die Pita gleichmäßig gebacken ist.

7 Die Pita in einen Korb oder eine Schüssel legen und mit einem Tuch abdecken, damit sie weich bleibt und nicht austrocknet. Die restlichen Teigfladen auf die gleiche Art und Weise backen.

Backofen: Statt in der Pfanne kann man die Pitas auch bei 220° im vorgeheizten Backofen in etwa 6 Min. goldbraun backen.

TÜRKEI

ANATOLIEN, DAS HERZ DER TÜRKEI, IST EINE DER ÄLTESTEN KULTUR-REGIONEN DER WELT.

TÜRKEI – BRÜCKE ZWISCHEN DEN WELTEN

Die Türkei ist ein Land der Brücken – geografisch, historisch und kulturell. Sie verbindet **Europa und Asien, Orient und Okzident.** Ihre Landschaft reicht von den Ägäis- und Mittelmeerküsten bis hin zu den weiten Hochebenen Anatoliens und den fruchtbaren Tälern entlang des Schwarzen Meers. Diese Vielfalt spiegelt sich in der Küche der Türkei wider, die durch die Begegnung verschiedener Kulturen geprägt ist.

DAS REICHHALTIGE ERBE IST UNTRENNBAR MIT DER GESCHICHTE DES OSMANISCHEN REICHS VERBUNDEN.

Anatolien, das Herz der Türkei, ist eine der ältesten Kulturregionen der Welt. Es war die Heimat vieler Völker – von Hethitern und Phrygern über Römer und Byzantiner bis hin zu Armeniern, Kurden, Griechen und Türken. Jede dieser Kulturen hat ihre Spuren hinterlassen – nicht nur in der Architektur und Sprache, sondern auch in der Küche. Der Osten der Türkei zeigt oft stärkeren arabischen und kurdischen Einfluss, während die Ägäisregion die Nähe zur griechischen Kultur widerspiegelt. Diese Vielfalt macht die türkische Küche zu einem kulinarischen Schatz.

Die anatolische Küche zeichnet sich durch frische Zutaten, Raffinesse und einen kreativen Umgang mit Gewürzen aus. Anders als die griechische Küche, die oft die Reinheit und Simplizität ihrer Aromen in den Vordergrund stellt, steht in der Türkei eine harmonische Vielfalt an Gewürzen im Mittelpunkt. Sumach, Zimt, Piment, Kreuzkümmel und Paprika verleihen den Gerichten eine unverwechselbare Tiefe.

Dieses reichhaltige Erbe ist untrennbar mit der Geschichte des Osmanischen Reichs verbunden, das einst das Mittelmeer von Griechenland bis Marokko und den Jemen umfasste. Große Hochkulturen bereichern und formen Küchen, und so spiegelt die anatolische Küche eine faszinierende Symbiose aus orientalischen und mediterranen Einflüssen wider – eine kulinarische Brücke zwischen zwei Welten, die Tradition und Innovation meisterhaft vereinen.

In diesem Kapitel findest du Gerichte, die diese Vielfalt verkörpern. Ein Klassiker ist İmam Bayıldı, in Olivenöl geschmorte Auberginen, gefüllt mit Tomaten, Zwiebeln und Knoblauch. Dieses Gericht, das aus der Ägäisregion stammt, ist ein Paradebeispiel für die vegetarischen Speisen der Türkei, bei denen Gemüse im Mittelpunkt steht. Ein weiteres Highlight sind Zeytinyağlı Enginar, konfierte Artischocken mit dicken Bohnen und Erbsen, die die Leichtigkeit und Eleganz der Olivenöl-Küche der Westtürkei symbolisieren.

Die Türkei ist aber auch bekannt für ihre kunstvollen Fleischgerichte. Mein Rezept für Pistazien-Kebab, bei dem gegrilltes Lammhack mit Pistazien, Aprikosen und Labneh kombiniert wird, zeigt, wie süße und herzhafte Aromen harmonisch vereint werden. Ein einfaches, aber unwiderstehliches Gericht, das die Liebe der Türkei zum Grillen widerspiegelt, sind die gegrillten Hühnerflügel, mariniert in einer würzigen Paprikapaste und serviert mit gegrilltem Gemüse.

DIE VIELFALT MACHT DIE TÜRKISCHE KÜCHE ZUM KULINARISCHEN SCHATZ.

Die gefüllten Gerichte, Dolmas genannt, sind ein Herzstück der türkischen Küche. Ob gefüllte Paprika mit Reis und Pinienkernen, Zucchini-Dolmas mit Bulgur oder mit Sauerkirschen gefüllte Weinblätter, sie alle zeigen die anatolische Tradition, süße und herzhafte Aromen zu kombinieren.

Auch Brot spielt in der Türkei eine zentrale Rolle. Mein Rezept für Tırnak Pide, ein fluffiges Fladenbrot mit leicht knuspriger Kruste, ist ein unverzichtbarer Begleiter zu Mezze, Köfte oder Hummus.

Neben der Küche hat die Türkei auch eine beeindruckende Weinkultur, die zu den ältesten der Welt zählt. In Anatolien, wo seit mehr als 7000 Jahren Weinbau betrieben wird, finden sich einige der ältesten Terroirs der Welt. Die Weinberge reichen von den Höhenzügen im Osten auf über 1800 Meter bis hinunter zur Ägäisküste, wo der Wind vom Meer die Reben mit einer erfrischenden Brise verwöhnt.

Die Geschichte des türkischen Weinbaus ist aber auch eine Geschichte von Verlust und Neuanfang. Mit der Vertreibung der Armenier und Griechen zu Beginn des 20. Jahrhunderts verlor das Land viel von seinem önologischen Erbe, da diese Völker eine zentrale Rolle im Weinbau spielten. Doch in den letzten 20 Jahren hat eine neue Generation von Winzern begonnen, die alte Weinkultur Anatoliens wiederzubeleben. Pioniere setzen auf lokale Rebsorten wie Öküzgözü und Boğazkere, die kräftige Rotweine hervorbringen, oder Narince, eine elegante weiße Rebsorte mit floralen und mineralischen Noten.

Auch die Trinkkultur der Türkei ist eng mit dem Essen verwoben. Raki, der berühmte Anisschnaps, ist weit mehr als nur ein Getränk. Er ist das Herzstück der Meyhane-Kultur, einer Tradition, bei der Mezze, Raki und lange Gespräche den Abend prägen. Eine Meyhane ist nicht nur eine Taverne – sie ist ein Ort des Austauschs, der Gemeinschaft und des Genusses.

Dieses Kapitel bietet einen kleinen Einblick in die riesige kulinarische Tradition Anatoliens. Es ist eine Hommage an die Vielfalt der Region, an ihre Menschen und ihre jahrtausendealten Aromen. Die Türkei, eine Brücke zwischen Orient und Okzident, verbindet in ihrer Küche das Beste aus beiden Welten und erzählt durch ihre Gerichte Geschichten von Vielfalt.

AUCH DIE TRINKKULTUR DER TÜRKEI IST ENG MIT DEM ESSEN VERWOBEN.

Auberginen gehören zu meinen drei Lieblingsgemüsen. Ob gegrillt, gebraten, geschmort, frittiert oder gebacken – ich könnte sie täglich genießen. Ihre Textur und ihr Geschmack ändern sich je nach Zubereitungsart. Das Gericht hier serviert man lauwarm oder kalt, es ist ideal für eine Mezze-Tafel oder als Beilage zu gegrilltem Fleisch oder Fisch.

GEGRILLTER AUBERGINENSALAT

- 2 große Auberginen
- 1 rote Paprika
- 1 kleine rote Zwiebel
- ½ Bund Petersilie
- 2 Tomaten
- Saft von 1 Zitrone
- 3 EL Olivenöl
- 1 EL Granatapfelmelasse
- Salz
- Pfeffer
- 20 g Walnusskerne

1 Den Backofen auf 200° vorheizen. Die Auberginen und die Paprika waschen und trocken tupfen. Das Gemüse im Backofen (Mitte; alternativ auf dem Grill bei mittlerer Hitze) unter gelegentlichem Wenden backen oder grillen, bis die Haut rundherum verkohlt und das Gemüse innen weich ist – das dauert 20–25 Min. Auberginen benötigen länger als Paprika, daher das Gemüse je nach Sorte 30–45 Min. im Ofen lassen.

2 Das Gemüse abkühlen lassen und häuten. Die Stielansätze beider Gemüse, bei der Paprika zudem die Kerne entfernen. Das Fruchtfleisch grob hacken und in eine große Schüssel geben.

3 Die Zwiebel schälen und in feine Würfel schneiden. Die Petersilie waschen, trocken schütteln und die Blätter fein hacken. Die Tomaten waschen und in kleine Würfel schneiden, dabei die Stielansätze entfernen.

4 Zwiebel, Petersilie, Tomaten, Zitronensaft, Olivenöl und Granatapfelmelasse mit dem Gemüse in der Schüssel mischen. Den Salat mit Salz und Pfeffer würzen und 10–15 Min. durchziehen lassen, damit sich die Aromen entfalten. Die Walnüsse grob hacken und über den Salat streuen.

Rauchiges Aroma: Nicht alle Menschen haben einen Grill im Hinterhof oder Garten und müssen das Gemüse deshalb im Backofen rösten. Das besondere rauchige Grillaroma erhält man aber auch, wenn man das Gemüse über der Flamme des Gasherds röstet. So macht man es häufig in türkischen Städten.

Aroma-Varianten: Würzt den Auberginensalat ganz nach Lust und Laune. Wer es asiatisch mag, kann zu Mirin, Sojasauce, Chili und Ingwer greifen. Orient-Fans geben an das Dressing noch etwas Tahin. Für eine frischere Note fügt man zusätzlich Kräuter wie Minze und Dill hinzu.

Innereien sind eine Delikatesse der türkischen Küche. Von Leber bis Herz werden fast alle Teile des Tieres verwendet – nachhaltig und vielfältig. Ich bin ein großer Fan von Lammherz und habe es schon als Kind gern gegessen, ob gegrillt oder gebraten. Sein fast wildähnliches Aroma macht es so besonders.

LAMMHERZ MIT LAUWARMEM GRILLGEMÜSESALAT

Für die Lammherzen

- 1 Knoblauchzehe
- 2 Stängel Oregano (ersatzweise getrockneter Oregano)
- 2 EL Olivenöl
- Salz
- Pfeffer
- 3 Lammherzen (à 150–200 g)
- Saft von 1 Zitrone

Für den Salat

- 4 Tomaten
- 1 Aubergine
- 2 rote Spitzpaprika
- 2 EL Olivenöl
- 2 weiße Zwiebeln
- 100 g entsteinte schwarze Oliven (z. B. Taggiasca-Oliven)
- 1 EL Granatapfelmelasse
- Saft von 1 Zitrone
- Salz
- 2 Stängel Petersilie

1 Für die Lammherzen den Knoblauch schälen und in feine Würfel schneiden. Den Oregano waschen, trocken schütteln, die Blätter abzupfen und fein hacken. In einer Schüssel das Olivenöl mit Knoblauch, Oregano, Salz und Pfeffer mischen. Die Lammherzen abspülen, Fett und Sehnen entfernen. Dann in der Marinade wenden und im Kühlschrank mindestens 30 Min. durchziehen lassen.

2 Für den Salat den Backofen auf 200° vorheizen. Tomaten, Aubergine und Paprika waschen. Die Tomaten und die Aubergine mit 1 EL Olivenöl einstreichen. Tomaten, Aubergine, Paprika und Zwiebeln auf das mit Backpapier belegte Backblech legen und im Ofen (Mitte) backen, bis es weich und außen leicht verkohlt ist. Das dauert 20–25 Min., die Aubergine benötigt 10–15 Min. mehr. Besonders kräftige Röstaromen erhält das Gemüse, wenn man es auf dem Holzkohlegrill gart.

3 Das leicht abgekühlte, aber noch warme Gemüse häuten und die Stielansätze entfernen. Tomaten, Paprika, Zwiebeln und Aubergine in Stücke schneiden und in eine Schüssel geben. Oliven, Granatapfelmelasse, Zitronensaft und das restliche Olivenöl (1 EL) hinzugeben, mit Salz würzen und mischen. Den Salat zugedeckt warm halten.

4 Die Lammherzen in einer Pfanne oder auf dem Holzkohlegrill bei mittlerer Hitze auf jeder Seite 4–5 Min. braten bzw. grillen, bis sie in der Mitte leicht rosa sind. Herausnehmen, mit Zitronensaft beträufeln und kurz ruhen lassen.

5 Die Petersilie waschen, trocken schütteln, die Blätter abzupfen und unter den Salat mischen. Den Salat auf den Tellern anrichten. Die Lammherzen in Stücke schneiden und auf den Salat legen.

WESCO
AQUA
MONACO
AQUA
MONACO

Zeytinyağlı-Gerichte sind die Herzstücke der türkischen Küche. Sie werden in Olivenöl sanft gegart und gekühlt oder bei Zimmertemperatur serviert. Stets zeichnen sie sich durch Leichtigkeit und die natürliche Süße der Gemüse aus. Artischocken sind die Königsdisziplin der Zeytinyağlı-Gerichte. Bei diesem Rezept schaffen der perfekte Gargrad und die Aromen von Orangen, Möhren und Erbsen eine besondere Harmonie, die den feinen Geschmack der Artischocken unterstreichen.

ARTISCHOCKEN MIT DICKEN BOHNEN UND ERBSEN IN OLIVENÖL

- 100 g Erbsen (frisch oder TK)
- 100 g Dicke Bohnen (Saubohnen; geschält oder TK)
- Salz
- 1 Möhre
- 2 Bio-Orangen
- 100 ml Olivenöl
- 4 Artischockenherzen (frisch oder TK)
- ½ TL Zucker
- ½ TL Salz
- 3 Lorbeerblätter
- 5 Pimentkörner
- Dill zum Garnieren

1 Die frischen Erbsen und Dicken Bohnen palen und getrennt in kochendem Salzwasser blanchieren – Erbsen etwa 2 Min., Dicke Bohnen etwa 3 Min. Danach sofort in Eiswasser abschrecken, um die leuchtende Farbe zu bewahren.

2 Die Möhre schälen und schräg in etwa 5 mm dicke Scheiben schneiden. Die Orangen heiß waschen. Von 1 Orange mit einem Sparschäler ein paar Streifen abschälen, beiseitelegen und den Saft auspressen. Die andere Orange mit einem Messer so dick schälen, dass auch die weiße Haut mit entfernt wird. Die Fruchtfilets aus den Trennhäuten schneiden und zugedeckt kühl stellen.

3 In einem großen Topf das Olivenöl bei mittlerer Hitze erwärmen. Artischockenherzen und Möhre mit Zucker, Salz, Lorbeerblättern, Piment und den Orangenschalenstreifen leicht anrösten.

4 Mit dem Orangensaft ablöschen und etwa 100 ml Wasser hinzufügen, sodass die Artischocken knapp bedeckt sind. Die Mischung zum Köcheln bringen, die Hitze reduzieren und die Artischocken bei schwacher Hitze zugedeckt 25–30 Min. sanft konfieren, bis sie weich sind. In den letzten 10 Min. die Erbsen und Dicken Bohnen dazugeben.

5 Nach dem Garen das Gericht abkühlen lassen und im Kühlschrank ein paar Stunden, idealerweise über Nacht durchziehen lassen. Den Topf einige Zeit vor dem Servieren aus dem Kühlschrank nehmen, um das Gericht Zimmertemperatur annehmen zu lassen. Die Orangenschalen herausfischen und entsorgen. Den Dill waschen.

6 Die Artischockenherzen auf Teller setzen und das Gemüse darin sowie ein paar Möhrenscheiben daneben verteilen. Mit dem Sud aus dem Topf beträufeln und mit den Orangenfilets und Dill garnieren.

Konfierter, also in Olivenöl sanft gegarter Sellerie ist eine raffinierte Interpretation der klassischen türkischen Olivenöl-Gerichte. Die Kombination aus sanftem Sellerie, fruchtigen Orangen, Crème fraîche und salzigem Forellenkaviar verleiht dem Gericht eine besondere Note – leicht, aromatisch und voller Geschmack.

SELLERIE IN OLIVENÖL MIT ORANGEN, MÖHREN UND FORELLENKAVIAR

- 1 großer Knollensellerie
- 2 Möhren
- 2 Bio-Orangen
- 50 ml Olivenöl
- 1 TL Zucker
- Salz
- 100 g Crème fraîche
- 1 TL Zitronensaft
- Pfeffer
- 4 TL Forellenkaviar
- Dill zum Garnieren

1 Den Knollensellerie schälen und in etwa 8 mm dicke Scheiben schneiden. Mit einem Ausstecher Kreise von 5 cm Ø ausstechen. Die Möhren schälen und schräg in dünne Scheiben schneiden.

2 Die Orangen heiß waschen. 1 Orange mit einem Messer so dick schälen, dass auch die weiße Haut mit entfernt wird. Die Fruchtfilets aus den Trennhäuten schneiden und zugedeckt kühl stellen. Von der übrigen Orange den Saft auspressen.

3 Das Olivenöl in einem Topf bei mittlerer Hitze erwärmen. Sellerie und Möhren dazugeben, Zucker darüberstreuen, mit Salz würzen und das Gemüse kurz anrösten. Mit dem Orangensaft ablöschen.

4 So viel Wasser angießen, dass das Gemüse knapp bedeckt ist. Alles bei schwacher Hitze 20–25 Min. sanft konfieren, bis das Gemüse weich ist, aber noch Biss hat. Den Sellerie im Sud abkühlen lassen.

5 Die Crème fraîche mit Zitronensaft, Salz und Pfeffer glatt rühren. Auf jeden Teller drei Selleriescheiben geben. Die Möhren leicht überlappend auf den Sellerie legen und mit etwas Crème fraîche und Forellenkaviar toppen. Mit den Orangenfilets und Dill garnieren.

Vorbereiten: Den konfierten Sellerie kann man gut schon am Vortag zubereiten. Er schmeckt am nächsten Tag sogar noch besser.

İmam Bayıldı, wie dieser osmanische Klassiker auf Türkisch heißt, bedeutet »Der Imam fiel in Ohnmacht« – ob vor Genuss oder wegen des vielen Olivenöls, bleibt Legende. Es ist ein sanftes, aromatisches und reichhaltiges Gericht, das auf jede Mezze-Tafel gehört. Auberginen werden mit Tomaten, Zwiebeln und Knoblauch in Olivenöl geschmort. Ich brösele nach dem Backen gerne noch etwas Feta darauf und serviere Brot und ein Glas Raki dazu.

GEFÜLLTE AUBERGINEN MIT TOMATEN UND SPITZPAPRIKA

- 4 Auberginen
- Salz
- 8 EL Olivenöl
- 3 große Zwiebeln
- 2 Knoblauchzehen
- 3 Tomaten (ersatzweise 400 g gehackte Tomaten aus der Dose)
- 4 grüne Spitzpaprika
- 1 TL Zucker
- Pfeffer
- 1 TL getrockneter Oregano (optional)
- Petersilie oder Dill zum Garnieren (optional)

1 Die Auberginen waschen und die Schale mit dem Sparschäler längs so abziehen, dass ein Streifenmuster entsteht (also einen Teil der Schale stehen lassen).

2 Die Auberginen etwa 30 Min. in Salzwasser legen, damit sie Bitterstoffe verlieren. Den Backofen auf 185° Umluft vorheizen.

3 Die Auberginen aus dem Wasser nehmen, trocken tupfen und auf ein mit Backpapier belegtes Blech legen. Mit 4 EL Olivenöl bestreichen und im Ofen (Mitte) in 25–30 Min. goldbraun und weich backen.

4 Inzwischen die Zwiebeln schälen, halbieren und in Scheiben schneiden. Den Knoblauch schälen und fein würfeln. Die Tomaten waschen und in Würfel schneiden, dabei die Stielansätze entfernen. Die Spitzpaprika waschen.

5 In einer Pfanne das restliche Olivenöl (4 EL) erhitzen und die Zwiebeln darin bei mittlerer Hitze glasig und weich braten. Zucker, Salz und Pfeffer untermischen und die Zwiebeln kurz weiterschmoren.

6 Den Knoblauch kurz mitbraten. Die Tomaten hinzufügen und alles 10–15 Min. köcheln, bis die Sauce leicht eingedickt ist. Nach Belieben Oregano unterrühren und die Sauce mit Salz und Pfeffer abschmecken.

7 Die Auberginen aus dem Ofen nehmen (den Ofen eingeschaltet lassen) und längs auf-, aber nicht ganz durchschneiden. An den Schnitten vorsichtig auseinanderdrücken und die Zwiebel-Tomaten-Mischung darin verteilen. Auf die Füllung jeweils eine Spitzpaprika legen.

8 Die Auberginen in eine Auflaufform legen und im Ofen (Mitte) etwa 20 Min. backen, bis die Paprika leicht geröstet sind. Die gefüllten Auberginen nach Belieben mit Kräutern garnieren und lauwarm oder abgekühlt servieren.

İçli Köfte, oft als »Arancini der Levante« bezeichnet, sind Klassiker aus der türkischen und syrischen Küche. Es gibt sie in runder, ovaler oder flacher Form, gebraten, gekocht oder gebacken, gefüllt mit Hackfleisch, Nüssen oder auch vegetarisch. Die Umhüllung mit feinem Bulgur sorgt für den unverwechselbaren Geschmack. In der aramäischen Version hier werden die Köfte flach geformt und haben eine aromatische Hackfleischfüllung mit Walnüssen und Petersilie.

İÇLI KÖFTE MIT WALNUSS-HACKFLEISCH-FÜLLUNG UND ISOT-BUTTER

Für den Teig

- 300 g feiner Bulgur (für Köfte)
- 200 g Hartweizengrieß
- 100 g Lamm- oder Kalbshackfleisch (ersatzweise Rinderhackfleisch)
- 2 Eier (M)
- 1 TL Salz

Für die Füllung

- 100 g Walnusskerne
- 1 rote Zwiebel
- ½ Bund Petersilie
- 2 EL Olivenöl
- 300 g gemischtes Hackfleisch (Lammfleisch und Kalbfleisch)
- 1 TL gemahlener Kreuzkümmel
- 1 TL gemahlener Piment
- ½ TL Zimtpulver
- 1 TL Isot Biber (oder Chiliflocken)
- Salz
- Pfeffer

Für die Isot-Butter

- 100 g Butter
- 1 EL Isot Biber (oder Chiliflocken)

Außerdem

- 400 g Labneh (oder griech. Joghurt)
- 1 TL gehackte Pistazien

1 Für den Teig Bulgur und Grieß in einer Schüssel mischen und 150 ml warmes Wasser darübergießen. Etwa 10–15 Min. quellen lassen, bis Bulgur und Grieß weich sind.

2 Hackfleisch, Eier und Salz mit der Bulgur-Grieß-Mischung zu einem geschmeidigen, formbaren Teig verkneten.

3 Für die Füllung die Walnüsse grob hacken. Die Zwiebel schälen und fein würfeln. Die Petersilie waschen, trocken schütteln und hacken.

4 In einer Pfanne das Olivenöl erhitzen und die Zwiebel darin glasig dünsten. Das Hackfleisch dazugeben, krümelig und leicht braun braten. Walnüsse, Gewürze und Petersilie unterrühren. Die Füllung bei schwacher Hitze 5 Min. braten. Vom Herd nehmen und abkühlen lassen.

5 Aus dem Teig mit angefeuchteten Händen acht Kugeln mit etwa 5 cm Ø formen. Mit dem Daumen jeweils ein Loch in die Kugeln drücken und 1 EL Hackfleischfüllung hineingeben. Den Teig über der Füllung wieder zusammendrücken. Die Köfte flach drücken und auf einem Teller 1–2 Std. im Kühlschrank ruhen lassen.

6 In einem großen Topf reichlich Wasser mit Salz zum Kochen bringen und die Köfte darin 5–6 Min. siedend garen, bis sie an die Oberfläche steigen. Herausheben und abtropfen lassen.

7 Für die Isot-Butter die Butter in einem kleinen Topf schmelzen. Isot hinzufügen, kurz aufschäumen lassen und vom Herd nehmen.

8 Den Labneh mit einem Löffel mittig auf den Tellern verstreichen, mit der Isot-Butter beträufeln und die Köfte daraufsetzen. Mit den Plstazien bestreut servieren.

Tipp: Der Teig für die Köfte sollte gründlich geknetet werden, damit er beim Formen nicht zerbröselt und über der Füllung gut zusammenklebt.

Dieses Gericht ist von Leber nach Edirne-Art inspiriert, einer traditionellen Spezialität aus der Türkei, bei der Kalbsleber knusprig gebraten und mit Kräutern und Zwiebeln serviert wird. Für diese elegante und ausgewogene Mahlzeit kombiniere ich die kräftige Würze der gebratenen Kalbsleber mit der Süße von karamellisierten Apfelscheiben und mit einem frischen Kräutersalat. Die Mischung aus herzhaften und fruchtigen Aromen verleiht dem Gericht eine besondere Tiefe.

KALBSLEBER MIT GEBACKENEM APFEL UND KRÄUTERSALAT

Für die Äpfel

- 2 große Äpfel
- 2 EL Olivenöl
- Salz
- 1 TL Zucker
- ½ TL Zimtpulver

Für die Leber

- 600 g Kalbsleber
- 2 EL Mehl
- 2 EL Öl
- 2 EL Butterschmalz
- Salz
- Pfeffer

Für den Kräutersalat

- 1 rote Zwiebel
- 1 Bund Petersilie
- 1 Bund Dill
- 1 Handvoll Minzeblätter
- 2 EL Olivenöl
- 1 EL Zitronensaft
- 1 TL Sumach
- Salz
- Pfeffer

Außerdem

- 80 g sauer eingelegtes Gemüse (Fertigprodukt oder selbst gemacht)

1 Für die Apfelscheiben den Backofen auf 180° Umluft vorheizen. Die Äpfel vierteln, schälen und die Kerngehäuse entfernen. Die Apfelviertel halbieren. In einer Schüssel das Olivenöl mit 1 Prise Salz, Zucker und Zimtpulver verrühren und die Apfelspalten darin marinieren.

2 Die Apfelspalten auf einem mit Backpapier belegten Blech verteilen und im Ofen (Mitte) 15–20 Min. backen, bis die Äpfel weich sind, aber noch etwas Biss haben.

3 Inzwischen für die Leber von der Kalbsleber eventuell vorhandene Häute entfernen. Die Leber in etwa 5 mm dünne Scheiben schneiden und mit dem Mehl bestäuben.

4 In einer großen Pfanne das Öl mit dem Butterschmalz erhitzen. Die Leberscheiben darin auf jeder Seite 2–3 Min scharf anbraten, bis sie leicht gebräunt und gar sind. Die Leber auf Küchenpapier kurz abtupfen und in der warmen Pfanne zugedeckt warm halten.

5 Für den Kräutersalat die Zwiebel schälen, halbieren und in feine Scheiben schneiden. Die Kräuter waschen, trocken schütteln und zerzupfen, grobe Stiele dabei entfernen. In einer Schüssel Olivenöl, Zitronensaft, Sumach, Salz und Pfeffer verrühren. Zwiebel und Kräuter unter das Dressing mischen.

6 Die Kalbsleber auf Teller verteilen, die warmen Apfelscheiben, den Salat und das eingelegte Gemüse daneben anrichten.

Gegrillte Hühnerflügel sind ein beliebter Snack in der Türkei, perfekt für zwischendurch oder als Bestandteil eines entspannten Grillabends. Die würzige Marinade aus Paprikamark, Joghurt und Zitronensaft verleiht dem Fleisch ein frisches Aroma, das perfekt zu den Röstaromen der knusprigen Haut passt. Mit Grillgemüse und Zitronen serviert, erinnert dieses Gericht an die Straßenküchen in der Türkei.

GEGRILLTE HÜHNERFLÜGEL MIT PAPRIKAMARK UND GRILLGEMÜSE

Für die Hühnerflügel
- 3 EL Paprikamark
- 3 EL Olivenöl
- 3 EL Joghurt
- Saft von 1 Zitrone
- 1 TL Salz
- 1 TL Pfeffer
- 1 kg Hühnerflügel

Für das Grillgemüse
- 2 rote Spitzpaprika
- 1 Bund Frühlingszwiebeln
- 2 Bio-Zitronen
- 2 eingelegte Gurken (optional)

Außerdem
- Grillspieße (optional)

1 Für die Hühnerflügel in einer großen Schüssel Paprikamark, Olivenöl, Joghurt, Zitronensaft, Salz und Pfeffer verrühren.

2 Die Hühnerflügel in die Schüssel geben und in der Marinade wenden, sodass sie rundherum damit überzogen sind. Im Kühlschrank mindestens 1–2 Std. (besser noch über Nacht) durchziehen lassen.

3 Die Hühnerflügel direkt auf den Rost legen oder nach Belieben auf Spieße stecken (dafür an beiden Seiten die Haut leicht einschneiden). Bei mittlerer Hitze unter regelmäßigem Wenden 15–20 Min. grillen, bis die Flügel außen knusprig und innen saftig sind.

4 Für das Grillgemüse die Spitzpaprika waschen. Die Frühlingszwiebeln putzen und waschen. Paprika und Frühlingszwiebeln ebenfalls auf dem Grill rösten, bis sie leicht verkohlt sind.

5 Die Zitronen heiß waschen, halbieren und nach Belieben mit den Schnittflächen kurz auf den Grill legen. Die Gurken längs halbieren. Die Hühnerflügel mit Spitzpaprika, Frühlingszwiebeln, Gurken und den Zitronen auf Tellern anrichten.

Der klassische Bohnensalat Piyaz wird traditionell zu Köfte serviert. Besonders in Antalya wird er gerne mit einer cremigen Tahinsauce zubereitet, die dem Salat eine einzigartige Geschmacksnote verleiht. Mein persönlicher Twist sind pochierte Eier. Das bringt zusätzliche Cremigkeit und harmoniert mit den herzhaften Bohnen und der würzigen Tahinsauce. Piyaz ist ein perfekter Begleiter zu gegrilltem Fleisch, glänzt aber auch als eigenständige Mahlzeit.

BOHNENSALAT NACH ANTALYA-ART MIT POCHIERTEM EI

Für den Salat

- 400 g weiße Bohnen (aus der Dose oder selbst gekocht, s. Tipp)
- 1 rote Zwiebel
- 12 Kirschtomaten
- 2 grüne Spitzpaprika
- 1 Bund Petersilie (oder gemischte Kräuter)
- 1 EL Olivenöl
- 1 TL Sumach (optional)

Für die Tahinsauce

- 3 EL Tahin (Sesampaste)
- Saft von 1 Zitrone
- 2 EL Olivenöl
- Zucker
- Salz
- Pfeffer

Für die pochierten Eier

- Salz
- 4 Eier

1 Für den Salat die Bohnen in einem Sieb abtropfen lassen. Die Zwiebel schälen, halbieren und in feine Scheiben schneiden. Die Tomaten waschen und halbieren. Die Paprika waschen, halbieren, Kerne und weiße Trennhäute entfernen und die Hälften in feine Streifen schneiden. Die Petersilie waschen, trocken schütteln und die Blätter grob hacken.

2 Die Bohnen mit Zwiebel, Tomaten, Paprika und Petersilie in einer Schüssel mischen.

3 Für die Tahinsauce das Tahin mit Zitronensaft, Olivenöl und 1 Prise Zucker verrühren. Nach und nach etwas Wasser (50–75 ml) hinzufügen, bis die Sauce cremig ist. Mit Salz und Pfeffer würzen.

4 Für die pochierten Eier in einem flachen Topf Wasser mit 1 Prise Salz zum Sieden bringen (nicht kochen). Die Eier vorsichtig nacheinander ins Wasser gleiten lassen und etwa 3–4 Min. pochieren, bis das Eiweiß fest, das Eigelb aber noch flüssig ist. Die Eier mit einem Schaumlöffel herausheben und auf Küchenpapier abtropfen lassen.

5 Den Bohnen-Gemüse-Salat auf Teller verteilen und mit der Tahinsauce beträufeln. Jeweils ein pochiertes Ei danebensetzen und den Salat mit dem Olivenöl beträufeln. Nach Belieben mit Sumach bestreuen.

Bohnen kochen: Wer Bohnen selbst kochen möchte, bedeckt am Vortag 200 g getrocknete Bohnen in einer Schüssel mit kaltem Wasser und lässt sie im Kühlschrank über Nacht einweichen. Am nächsten Tag die Bohnen in einem Sieb mit kaltem Wasser abspülen. Dann in einem Topf mit etwa 1 l kaltem Wasser bedecken, ½ EL Salz und 2 Lorbeerblätter dazugeben und zugedeckt in 45–60 Min. bissfest kochen.

Eier pochieren: Leichter funktioniert das Pochieren, wenn man die aufgeschlagenen Eier vorher 20 Min. in Essigwasser (Wasser und Essig im Verhältnis 2:1) einlegt. Dabei bildet sich eine leichte Schicht um das Eiweiß, wodurch es beim Pochieren besser zusammenhält.

Dieses Rezept ist eine Hommage an den türkischen Streetfood-Klassiker Midye Dolma, der vor allem nachts von fliegenden Händlern auf Tabletts verkauft wird. Die Kombination aus Muscheln, Reis, Zimt und Zitronensaft hat Suchtpotenzial. Ich serviere die Muscheln modern interpretiert auf knackigen Mini-Römersalatblättern – ein Hauch von Istanbul auf unseren Tellern.

GEFÜLLTE MUSCHELN MIT REIS AUF RÖMERSALAT

Für die Muscheln

- 500 g Miesmuscheln
- 1 große Zwiebel
- 2 Knoblauchzehen
- 1 Bund Petersilie
- 1 Bund Dill
- 4 EL Olivenöl
- 200 g Rundkornreis (z. B. Baldo-Reis)
- 1 EL Pinienkerne
- 1 TL Zimtpulver
- 1 TL gemahlener Piment
- 1 TL Zucker
- 300 ml Gemüsebrühe
- Saft von 1 Zitrone
- Salz
- Pfeffer

Außerdem

- 8–12 Mini-Römersalatblätter
- 1 Bio-Zitrone

1 Für die Muscheln die Miesmuscheln in kaltem Wasser gründlich waschen, beschädigte oder geöffnete Exemplare aussortieren.

2 Die Muscheln ohne zusätzliche Flüssigkeit in einen großen Topf geben und zugedeckt bei mittlerer Hitze 5–7 Min. dämpfen, bis sich die Muscheln öffnen. Den Topf schütteln, um sicherzustellen, dass sich alle Muscheln öffnen. Die Muscheln abkühlen lassen.

3 Das Muschelfleisch vorsichtig aus den Schalen lösen, nicht geöffnete Muscheln aussortieren.

4 Zwiebel und Knoblauch schälen und fein würfeln. Die Kräuter waschen, trocken schütteln und die Blätter fein hacken.

5 In einer großen Pfanne 2 EL Olivenöl erhitzen, Zwiebel und Knoblauch darin glasig dünsten. Reis, Pinienkerne, Zimt, Piment und Zucker 2–3 Min. mitbraten. Die Brühe hinzufügen und alles verrühren. Den Reis bei mittlerer Hitze etwa 10 Min. köcheln lassen, bis er das Wasser aufgesogen hat und leicht bissfest ist. Zitronensaft und Kräuter unterrühren, kräftig mit Salz und Pfeffer würzen. Die Pfanne vom Herd nehmen und die Reisfüllung abkühlen lassen.

6 Die Hälfte des Muschelfleischs grob hacken und unter die abgekühlte Reisfüllung mischen. Die Füllung mit Salz und Pfeffer abschmecken. Die Römersalatblätter waschen und trocken tupfen. Die Zitrone heiß waschen und längs achteln.

7 Die Römersalatblätter auf die Teller legen, die Muschel-Reis-Mischung mit einem Löffel darauf verteilen und die ganzen Muscheln daraufsetzen. Die Zitronenspalten dazulegen und servieren.

Dieses Rezept ist meine Version des türkischen Mezze-Klassikers von in Essig gekochten Roten Beten. Die Cassis-Reduktion und der Walnuss-Crumble verleihen dem Gericht eine moderne, raffinierte Note. Die Kombination aus süßsäuerlicher Bete, fruchtigem Cassis, cremigem Ziegenkäse und knusprigen Walnüssen ist perfekt für Liebhaber klassischer Aromen mit elegantem Twist.

BUNTE BETEN MIT ZIEGENKÄSE, CASSIS UND WALNUSS-CRUMBLE

Für die Beten
- 3 Rote Beten
- 3 Gelbe Beten

Für die Cassis-Reduktion
- 50 ml Apfelessig
- 50 ml Cassispüree (ersatzweise 50 g pürierte Johannisbeeren, Himbeeren oder Kirschen)
- 4 EL Zucker

Für den Walnuss-Crumble
- 40 g Walnusskerne
- 1 TL Zucker

Für die Vinaigrette
- 4 EL Olivenöl
- 2 EL Zitronensaft
- Salz

Außerdem
- ¼ Bund Estragon
- 100 g Ziegenfrischkäse
- Pfeffer
- Fleur de Sel

1 Für die Beten den Backofen auf 180° vorheizen. Die Betenknollen waschen, trocken tupfen, einzeln in Alufolie wickeln und in eine ofenfeste Form legen. Die Beten im Ofen (Mitte) in 1–2 ½ Std. weich garen.

2 Für die Cassis-Reduktion den Essig mit Cassispüree und Zucker aufkochen. Die Mischung unter Rühren bei schwacher Hitze auf die Hälfte reduzieren. Vom Herd nehmen und abkühlen lassen.

3 Für den Walnuss-Crumble die Walnüsse grob hacken und in einer trockenen Pfanne bei mittlerer Hitze rösten. Den Zucker darüberstreuen, die Hitze reduzieren und die Walnüsse unter häufigem Rühren karamellisieren. Die Walnüsse auf Backpapier verteilt abkühlen lassen. Dann zu einem knusprigen Walnuss-Crumble fein hacken.

4 Für die Vinaigrette in einer kleinen Schüssel das Olivenöl mit dem Zitronensaft und etwas Salz verrühren.

5 Die Estragonblätter abzupfen und in Eiswasser legen, damit sie frisch bleiben. Den Ziegenkäse grob in Würfel zupfen.

6 Die Beten aus dem Ofen nehmen und kurz abkühlen lassen. Die Alufolie entfernen, die Beten schälen und in Achtel schneiden. Da die Beten stark färben, empfiehlt es sich, dabei Einmalhandschuhe zu tragen.

7 Die Cassis-Reduktion mit einem Esslöffel mittig in einem Streifen auf den Tellern verteilen und die Betenspalten mit etwas Abstand darauf anrichten. Den Ziegenkäse zwischen die Beten legen. Mit der Vinaigrette beträufeln, mit Walnuss-Crumble, 1 Prise Pfeffer und Fleur de Sel bestreuen. Mit den Estragonblättern garnieren.

In der Türkei hat gefühlt jede Stadt ihr eigenes Rezept für Köfte, ob aus Lamm, Rind oder Kalbfleisch. Die Frage, welche Zutaten hineingehören, sorgt immer wieder für leidenschaftliche Debatten. Ich setze hier auf das Wesentliche: wenige Zutaten, aber bestes Fleisch. Kein Brot, kein Ei, keine weiteren Gewürze – nur pure, unverfälschte Aromen. So kommt der Geschmack des Fleischs optimal zur Geltung.

GEGRILLTE KÖFTE AUF PITA MIT TOMATEN UND SUMACH-ZWIEBELN

Für die Köfte

- 800 g Kalbsrippen (ausgelöst, 20–25 % Fettanteil)
- 200 g Kalbsschulter
- 100 g Zwiebeln
- 16 g Salz
- 5 g Pfeffer

Für die Beilagen

- 2 rote Zwiebeln
- 4 EL Olivenöl
- 2 EL Zitronensaft
- 1 TL Sumach
- Salz
- 2 Tomaten
- 100 g Gewürzgurken
- 1 Bund Petersilie
- 4 Pitabrote

1 Am Vortag für die Köfte Kalbsrippen und Kalbsschulter in grobe Würfel schneiden und durch den Fleischwolf drehen oder vom Metzger durchdrehen lassen. Die Zwiebeln schälen und auf der Küchenreibe fein reiben. Das Fleisch mit Salz, Pfeffer und Zwiebeln zu einer glatten Masse vermischen. Das Hackfleisch im Kühlschrank über Nacht ruhen lassen.

2 Am nächsten Tag mit leicht angefeuchteten Händen von der Fleischmasse walnussgroße Portionen abnehmen und diese zu länglichen Köfte formen.

3 Die Köfte in einer heißen Grillpfanne oder auf dem Grill auf jeder Seite etwa 3–4 Min. grillen, dabei regelmäßig wenden, damit sie nicht zu sehr austrocknen. So werden sie außen knusprig und bleiben innen saftig.

4 Für die Beilagen die Zwiebeln schälen, halbieren und in feine Scheiben schneiden. In einer Schüssel 2 EL Olivenöl, Zitronensaft, Sumach und 1 Prise Salz in einer Schüssel verrühren. Die Zwiebeln untermischen.

5 Die Tomaten waschen, in Scheiben schneiden und dabei die Stielansätze entfernen. Die Gurken längs in Scheiben schneiden. Die Petersilie waschen, trocken schütteln und die Blätter grob hacken.

6 Die Pitabrote in einer Pfanne leicht erwärmen und auf Teller verteilen. Die Köfte auf die Brote legen. Tomaten, Gurken, Petersilie und die Sumach-Zwiebeln darauf verteilen. Alles mit Zitronensaft und dem restlichen Olivenöl (2 EL) beträufeln.

Dieser Pistazien-Kebab ist meine Interpretation eines türkischen Klassikers. Mit saftigem Lammfleisch, das durch den hohen Fettanteil besonders zart bleibt, und der nussigen Note der Pistazien entsteht ein ganz besonderes Geschmackserlebnis. Die Kombination mit gegrillten Zwiebeln, süßen Aprikosen und cremigem Labneh verschmilzt zu einer einzigartigen Harmonie von Aromen und Texturen.

PISTAZIEN-KEBAB MIT GEGRILLTEN ZWIEBELN, APRIKOSEN UND LABNEH

Für den Labneh

- 500 g griech. Joghurt
- Salz
- 1 Schuss Olivenöl

Für den Kebab

- 500 g Lammrippen (etwa 30 % Fettanteil)
- 500 g Lammschulter
- 80 g grob gehackte Pistazien
- 16 g Salz
- Pfeffer

Für die Beilagen

- 4 süße Zwiebeln
- 8 Aprikosen
- 1 EL Olivenöl
- Salz
- Pfeffer

Für die Chili-Butter

- 100 g Butter
- 1 TL Chiliflocken

Außerdem

- Grillspieße (Holz oder Metall; optional)
- 20 g gehackte Pistazien

1 Am Vortag für den Labneh den Joghurt mit 1 Prise Salz und Olivenöl mischen. Ein Sieb mit einem Passiertuch oder einem Geschirrtuch auslegen und den Joghurt hineingeben. Das Sieb in eine Schüssel hängen und den Joghurt im Kühlschrank über Nacht abtropfen lassen, damit er eine dickere, cremige Konsistenz erhält.

2 Für den Kebab das Fleisch grob würfeln und durch den Fleischwolf drehen oder vom Metzger durchdrehen lassen. Das Hackfleisch mit Pistazien, Salz und Pfeffer mischen und im Kühlschrank etwa 30 Min. ruhen lassen.

3 Aus der Fleischmasse mit leicht angefeuchteten Händen walnussgroße Portionen abnehmen und diese zu länglichen Köfte formen. Optional die Masse um die Spieße herum zu Köfte formen. (Holzspieße sollten vor der Verwendung mindestens 30 Min. gewässert werden, damit sie beim Grillen nicht anbrennen.)

4 Für die Beilagen die Zwiebeln in den Schalen in der heißen Grillpfanne oder auf dem Grill 20–25 Min. grillen, bis sie weich und leicht verkohlt sind. Die Aprikosen waschen, halbieren und entkernen. Die Hälften mit etwas Olivenöl bestreichen, leicht mit Salz und Pfeffer bestreuen und ebenfalls grillen, bis sie weich und leicht karamellisiert sind. Die Zwiebeln halbieren und vorsichtig aus den Schalen lösen.

5 Die Kebabs in eine heiße Grillpfanne oder auf den Grill legen und auf jeder Seite 3–4 Min. grillen, bis sie knusprig und durchgegart sind, dabei regelmäßig wenden, damit sie nicht austrocknen.

6 Für die Chili-Butter die Butter in einem Topf schmelzen und die Chiliflocken darin 1–2 Min. ziehen lassen.

7 Den Labneh auf die Teller verteilen. Die Pistazien-Kebabs, die Zwiebeln und die Aprikosen daraufsetzen. Die Pistazien darüberstreuen und alles mit der Chili-Butter beträufeln.

Ob Mücver in der Türkei oder Kolokithokeftedes in Griechenland – Zucchinipuffer gehören zur kulinarischen Tradition der Ägäis. Diese Variante mit Möhren und frischen Kräutern wie Dill, Petersilie und Minze repräsentiert die Vielfalt der mediterranen Küche. Die Puffer sind luftig, frisch und saftig zugleich, während der cremige Feta-Dip für einen würzigen, erfrischenden Kontrast sorgt. Ob als Snack, Vorspeise oder Beilage – dieses Gericht vereint die Aromen und Leichtigkeit, die typisch für die mediterrane Küche sind.

ZUCCHINIPUFFER MIT KRÄUTERN AUF FETA-DIP

Für die Puffer

- 3 Zucchini
- Salz
- 1 Möhre
- ½ Bund Dill
- ½ Bund Petersilie
- ¼ Bund Minze
- 1 Frühlingszwiebel
- 40 g Haselnusskerne
- 2 Eier (M)
- 100 g Mehl
- 1 TL Backpulver
- Pfeffer
- 200 ml Öl oder Olivenöl

Für den Feta-Dip

- 1 Knoblauchzehe
- 200 g Joghurt
- 100 g Schafskäse (Feta)
- 1 EL Olivenöl
- Saft von ½ Zitrone
- Salz
- Pfeffer

Außerdem

- Kräuter zum Garnieren (optional)

1 Für die Puffer Zucchini putzen, waschen und auf einer Reibe fein raspeln. Leicht salzen und etwa 10 Min. Wasser ziehen lassen.

2 Die Möhre schälen und fein raspeln. Die Kräuter waschen, trocken schütteln und die Blätter fein hacken. Die Frühlingszwiebel putzen, waschen und in feine Ringe schneiden. Die Haselnüsse hacken.

3 Die Zucchini gut ausdrücken und in eine Schüssel geben. Möhre, Kräuter, Frühlingszwiebel, Nüsse und Eier hinzufügen und alles mischen. Das Mehl mit dem Backpulver untermischen. Die Masse mit Salz und Pfeffer würzen. Die Mischung im Kühlschrank 30 Min. ruhen lassen.

4 Für den Feta-Dip den Knoblauch schälen und in feine Würfel schneiden. Den Joghurt mit zerbröseltem Feta, Knoblauch, Olivenöl und Zitronensaft verrühren. Mit Salz und Pfeffer würzen und kühl stellen.

5 Das Öl in einer Pfanne erhitzen. Die Zucchinimasse mit einem Esslöffel als kleine Häufchen in die Pfanne setzen und leicht flach drücken. Die Puffer auf jeder Seite in 3–4 Min. knusprig braun braten.

6 Den Feta-Dip auf Teller verteilen und die Puffer darauf anrichten. Nach Belieben mit Kräutern garnieren.

Backen oder Frittieren: Für einen leichten Genuss kann man die Zucchinipuffer bei 180° Umluft im vorgeheizten Ofen in 30–35 Min. garen. Wer die Puffer besonders knusprig mag, backt sie in der Fritteuse.

Varianten: Bei der Wahl der Zutaten könnt ihr kreativ sein. Anstelle von Möhre kann man auch Rote Bete in die Puffer mischen oder man gibt zusätzlich etwas Käse in die Füllung. Und für eine knusprige Sesamkruste streut man vor dem Braten Sesam auf die Puffer.

Ob Pulpo oder Kalmar, diese Meeresbewohner sind wahre Delikatessen, sofern man ein paar Dinge beachtet. Das Geheimnis bei diesem puristischen Rezept liegt in einer einfachen Marinade und kontrolliertem Grillen. Ein mediterranes Gericht voller Aromen und Frische, das die Leichtigkeit des Meers auf die Teller bringt.

GEGRILLTER KALMAR

Für den Kalmar
- 1 Kalmar (ca. 600 g)
- 1 TL Natron
- 1 Schuss Mineralwasser mit Kohlensäure
- 3 Knoblauchzehen
- 4 EL Olivenöl
- Salz
- 2 Tomaten
- 1 Bund Petersilie
- 1 rote Zwiebel

Für die Vinaigrette
- Saft von 1 Zitrone
- 4 EL Olivenöl
- 1 TL Dijon-Senf
- Zucker
- Salz
- Pfeffer

1 Den Kalmar mit einer Hand am Körper (Tube) und mit der anderen am Kopf festhalten. Vorsichtig ziehen, sodass der Kopf samt Innereien herauskommt. Den Kopf direkt hinter den Augen abschneiden, damit die Tentakel erhalten bleiben. Den harten Schnabel (Gebiss) in der Mitte der Tentakel herausdrücken und entfernen.

2 Das durchsichtige Fischbein (eine feste Chitinstange) vorsichtig aus der Tube ziehen. Die Tube kalt abspülen. Die Seitenflossen (Flügel) vom Körper lösen. Mit einem Messerrücken die dunkle Haut von der Tube und den Seitenflossen abschaben. Man kann die Tube dafür leicht anfeuchten, dann löst sich die Haut leichter. Die Tube gründlich mit kaltem Wasser abspülen, längs aufschneiden und rautenförmig einschneiden. Die Tube in etwa 3 cm breite Streifen schneiden.

3 Die Kalmarteile mit dem Natron und dem Schuss Mineralwasser in einer Schüssel durchkneten. Dann im Kühlschrank 1 Std. ruhen lassen, damit sie zarter werden. Die Kalmarteile in einem Sieb abspülen, abtropfen lassen und trocken tupfen.

4 Den Knoblauch schälen, in feine Würfel schneiden und mit dem Olivenöl und 1 Prise Salz in einer Schüssel mischen. Den Kalmar darin wenden und 30 Min. marinieren.

5 Die Tomaten waschen und in Spalten schneiden, dabei die Stielansätze entfernen. Die Petersilie waschen, trocken schütteln und die Blätter zerzupfen. Die Zwiebel schälen, halbieren und in Scheiben schneiden.

6 Für die Vinaigrette Zitronensaft, Olivenöl, Senf und 1 Prise Zucker verquirlen. Mit Salz und Pfeffer würzen.

7 Eine Grillpfanne oder den Grill stark erhitzen. Die Kalmarteile auf beiden Seiten jeweils 2–3 Min. grillen, bis sie leicht gebräunt und zart sind. Den Kalmar mit Tomaten, Petersilie und Zwiebel auf Teller verteilen und mit der Vinaigrette beträufeln.

Dolmas sind nicht nur ein Gericht, sondern eine kulinarische Liebeserklärung an die Kulturen Anatoliens. Bei Armeniern, Griechen, Türken, Kurden oder Arabern – in allen Küchen dieser Region findet man gefüllte Gemüsevarianten (Dolmas oder Mahshi), deren Namen so vielfältig sind wie ihre Aromen. Die Version hier, inspiriert von den Küchen Westanatoliens, kombiniert saftige Tomaten mit einer zitrusfrischen Reis-Kräuter-Füllung. Man serviert sie lauwarm, während die vegetarischen Dolmas in der Türkei meist kalt gegessen werden.

GEFÜLLTE TOMATEN AUF LABNEH

Für die gefüllten Tomaten

- 4 runde Tomaten
- Salz
- 1 kleine Zwiebel (oder Schalotte)
- 2 EL Olivenöl
- Zucker
- 200 g Rundkornreis (z. B. Baldo-Reis)
- 1 Bund Petersilie
- Saft von 1 Zitrone
- Pfeffer

Außerdem

- 7 EL Olivenöl
- Salz
- Pfeffer
- 400 g Labneh (oder griech. Joghurt)
- Petersilienblätter (optional)

1 Für die gefüllten Tomaten die Tomaten waschen und auf der Stielansatzseite einen Deckel abschneiden. Das Innere mit einem Löffel vorsichtig aushöhlen, auf einen Teller geben und grob hacken. Die Tomaten innen und außen leicht salzen. Die Zwiebel schälen und würfeln.

2 In einem kleinen Topf das Olivenöl erhitzen und die Zwiebel mit je 1 Prise Salz und Zucker glasig dünsten. Den Reis kurz mitrösten. Das Tomatenfruchtfleisch und 100 ml Wasser hinzufügen. Den Reis bei mittlerer Hitze in etwa 10 Min. bissfest garen. Den Topf vom Herd nehmen und die Reismischung abkühlen lassen. Den Backofen auf 185° vorheizen.

3 Die Petersilie waschen, trocken schütteln, die Blätter fein hacken und mit dem Zitronensaft unter den Reis heben. Die Mischung mit Salz und Pfeffer würzen und in die Tomaten füllen. Die Deckel auflegen und die Tomaten in eine ofenfeste Form setzen.

4 In einer Schüssel 5 EL Olivenöl mit 200 ml Wasser, Salz und Pfeffer verrühren und über die Tomaten gießen. Die gefüllten Tomaten etwa 40 Min. backen, bis sie leicht gebräunt sind und der Reis gegart ist. Die Tomaten lauwarm abkühlen lassen.

5 Den Labneh auf Teller verteilen, mit dem übrigen Olivenöl (2 EL) beträufeln und die gefüllten Tomaten daraufsetzen. Nach Belieben mit Petersilie garniert servieren.

Dolmas sind mehr als nur ein gefülltes Gemüse – sie sind eine Liebeserklärung an die Küche, die aus einfachen Zutaten Großes macht. Ob Paprika, Zucchini, Auberginen, Weinblätter oder sogar Zwiebeln – alles kann gefüllt werden. Mal mit Reis und Kräutern, mal mit Bulgur oder Linsen, mal mit Fleisch oder Nüssen. Jede Region hat ihre eigene Interpretation, jede Familie ihr Geheimnis. Dolmas sind ungemein vielseitig: Sie können Teil eines festlichen Hauptgerichts oder bescheidener Mezze sein, warm oder kalt, sommerlich leicht oder herzhaft wärmend. Sie stehen nie im Schatten anderer Speisen – Dolmas sind immer Hauptdarsteller. Ob vegetarisch oder mit Fleisch, es steckt immer Sorgfalt, Raffinesse und ganz viel Liebe drin.

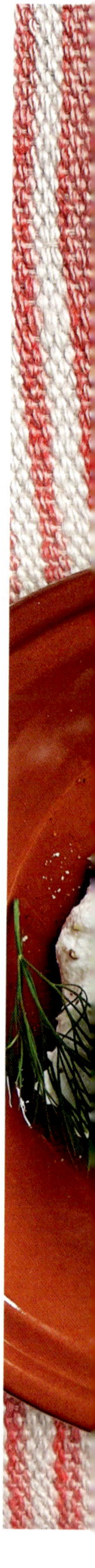

Gefüllte Paprika (Biber Dolması) sind ein Klassiker der türkischen Küche. Dolmalık Biber, die kleinen türkischen Paprika, haben eine dünnere Haut als übliche Paprika und eignen sich perfekt zum Füllen. In Kombination mit Reis, Piment, Zimt, Pinienkernen, Kräutern – und nach Belieben mit Rosinen – garen sie im Ofen zu einem harmonischen, aromatischen Gericht. Eine Hommage an die anatolische Küche.

GEFÜLLTE PAPRIKA MIT REIS UND PINIENKERNEN

Für die gefüllten Paprika
- 8 kleine grüne Dolmalık Biber (türk. Paprika; ersatzweise Spitzpaprika)
- Salz
- 1 weiße Zwiebel
- 5 EL Olivenöl
- 1 TL Zucker
- 2 EL Pinienkerne
- 200 g Rundkornreis (z. B. Baldo-Reis)
- 1 TL gemahlener Piment
- ½ TL Zimtpulver
- 2 EL Rosinen (optional)
- 1 Bund Dill
- 1 Bund Petersilie
- Saft von 1 Zitrone
- Pfeffer

Außerdem
- 400 g Labneh (oder griech. Joghurt)
- 2 EL Olivenöl

1 Für die gefüllten Paprika die Paprika waschen und jeweils einen Deckel abschneiden. Die Kerne und weißen Trennhäute im Innern entfernen. Die Paprika innen leicht salzen.

2 Die Zwiebel schälen und in feine Würfel schneiden. In einer Pfanne 2 EL Olivenöl erhitzen und die Zwiebel darin mit 1 Prise Salz und dem Zucker glasig dünsten. Die Pinienkerne kurz mitrösten, bis sie leicht goldbraun sind. Reis, Piment, Zimt und nach Belieben Rosinen untermischen. Mit 150 ml Wasser ablöschen und den Reis bei mittlerer Hitze in etwa 10 Min. bissfest kochen. Die Reismischung abkühlen lassen. Den Backofen auf 185° vorheizen.

3 Die Kräuter waschen und trocken schütteln. Ein paar Dillspitzen beiseitelegen, die übrigen Kräuterblätter fein hacken. Kräuter und Zitronensaft unter den Reis heben und die Mischung mit Salz und Pfeffer abschmecken. Die Reismischung in die Paprika füllen und die Deckel daraufsetzen. Die Paprika in eine ofenfeste Form setzen.

4 In einer Schüssel das restliche Olivenöl (3 EL), 150 ml Wasser, Salz und Pfeffer verrühren und die Mischung über die Paprika gießen. Die Paprika im Ofen 35–40 Min. backen, bis sie weich und leicht gebräunt sind. Aus dem Ofen nehmen und kurz abkühlen lassen.

5 Den Labneh auf Teller verteilen und mit dem Olivenöl beträufeln. Die warmen Paprika daraufsetzen und mit den Dillspitzen garnieren.

Diese köstliche Dolma-Variante stammt aus dem Südosten der Türkei. Sie vereint den kräftigen Geschmack von Bulgur und grünen Linsen mit frischen Kräutern, Walnüssen und der fruchtigen Note von Granatapfelmelasse. Die Füllung ist herzhaft und würzig mit einem feinen Hauch Schärfe. Die runden Zucchini werden im Ofen sanft gegart und lauwarm auf Labneh serviert. Ein Finale aus Chiliöl und Granatapfelmelasse rundet das Gericht ab.

GEFÜLLTE ZUCCHINI MIT BULGUR

Für die Zucchini

- 120 g grober Bulgur
- 80 g grüne Linsen
- 4 runde Zucchini (alternativ normale Zucchini)
- Salz
- 1 Zwiebel
- 40 g Walnusskerne
- ½ Bund Petersilie
- ½ Bund Minze
- 5 EL Olivenöl
- ½ TL Isot Biber (oder Chiliflocken)
- Pfeffer
- 2 EL Granatapfelmelasse

Außerdem

- 150 g Labneh (oder griech. Joghurt)
- 2 EL Chiliöl
- 2 EL Granatapfelmelasse

1 Für die Zucchini den Bulgur in einer Schüssel nach Packungsangabe mit kochendem Wasser übergießen und quellen lassen. Die Linsen in einem Topf nach Packungsangabe bissfest kochen. Dann in ein Sieb abgießen und abtropfen lassen.

2 Die Zucchini waschen, einen Deckel abschneiden und mit einem Löffel oder Messer vorsichtig aushöhlen. (Normale Zucchini längs halbieren und aushöhlen.) Die weiche Zucchinimasse kann für ein anderes Gericht verwendet werden. Die Zucchini innen leicht salzen.

3 Die Zwiebel schälen und in fein würfeln. Die Walnüsse grob hacken. Die Kräuter waschen, trocken schütteln, die Blätter fein hacken.

4 In einer Pfanne 2 EL Olivenöl erhitzen und die Zwiebel darin glasig dünsten. Bulgur und Linsen dazugeben und kurz mitrösten. Die Mischung mit Isot, Salz und Pfeffer würzen. Walnüsse, Kräuter und Granatapfelmelasse unterrühren. Die Mischung abkühlen lassen. Den Backofen auf 185° vorheizen.

5 Die Bulgur-Linsen-Füllung in die ausgehöhlten Zucchini füllen und die Deckel daraufsetzen. Das restliche Olivenöl (3 EL) mit 100 ml Wasser verrühren. Die Zucchini in eine ofenfeste Form setzen und die Olivenöl-Wasser-Mischung darübergießen. Die Zucchini im Ofen (Mitte) etwa 40 Min. backen, bis sie weich, aber noch bissfest sind.

6 Den Labneh auf die Teller verteilen, mit Chiliöl und Granatapfelmasse beträufeln. Die lauwarmen Zucchini daraufsetzen und servieren.

Die osmanische Palastküche steht für opulente Aromen und die Verknüpfung von Tradition und Raffinesse. Gefüllte Weinblätter (Sarma) sind ein Klassiker dieser reichhaltigen Esskultur. Die besondere Variante mit Sauerkirschen hat eine perfekte Balance von süß und säuerlich. Die Fruchtigkeit der Kirschen wird mit einer aromatischen Reisfüllung kombiniert und mit Zimt und Pinienkernen abgerundet. Die Unterlage bildet cremiger Labneh.

GEFÜLLTE WEINBLÄTTER MIT SAUERKIRSCHEN

Für die Weinblätter

- 20–24 eingelegte Weinblätter (in Salzlake)
- 1 Zwiebel
- 4 EL Olivenöl
- 2 EL Pinienkerne
- 150 g Rundkornreis (z. B. Baldo-Reis)
- Zimtpulver
- 150 g entsteinte Sauerkirschen (frisch oder TK)
- Salz
- Pfeffer
- 1 Bund Petersilie
- 1 Bund Dill
- ½ Bund Minze
- 1 TL Zucker

Außerdem

- 200 g Labneh
- 1 EL Olivenöl

1 Für die Weinblätter die eingelegten Weinblätter kalt abspülen und in einem Sieb abtropfen lassen. Die Stiele der Blätter abschneiden.

2 Die Zwiebel schälen und in feine Würfel schneiden. In einer Pfanne das Olivenöl (2 EL) erhitzen und die Zwiebel darin glasig dünsten. Die Pinienkerne dazugeben und leicht goldbraun rösten. Den Reis mit 1 Prise Zimt hinzufügen und mitrösten.

3 100 g Sauerkirschen unter den Reis mischen. Mit Salz und Pfeffer würzen und 100 ml Wasser angießen. Die Mischung bei mittlerer Hitze 10 Min. köcheln lassen, bis der Reis leicht bissfest ist. Die Pfanne vom Herd nehmen und die Reismischung abkühlen lassen.

4 Die Kräuter waschen, trocken schütteln, die Blätter fein hacken und unter die abgekühlte Füllung heben. Den Ofen auf 185° vorheizen.

5 Die Weinblätter nacheinander mit der matten Seite (der Unterseite) nach oben auf die Arbeitsfläche legen. Etwa 1 EL (oder weniger je nach Blattgröße) Reisfüllung längs auf das untere Drittel der Blätter verteilen. Die Seiten nach innen über die Füllung schlagen. Die Weinblätter von unten fest, aber nicht zu straff aufrollen. Die Enden andrücken, damit sich die Röllchen beim Garen nicht öffnen. Die Röllchen mit der Naht nach unten eng nebeneinander in eine ofenfeste Form oder einen Topf legen, damit sie ihre Form behalten.

6 Die restlichen Sauerkirschen (50 g) auf den Weinblättern verteilen. In einer Schüssel das restliche Olivenöl (2 EL) mit 100 ml Wasser und dem Zucker verrühren und über die Weinblätter gießen – die Röllchen sollten knapp bedeckt sein. Die Weinblätter im Ofen (Mitte) 30–35 Min. garen, bis sie weich sind.

7 Den Labneh auf Teller verteilen, mit dem Olivenöl beträufeln und die Weinblätter mit den Kirschen darauf anrichten. Die gefüllten Weinblätter lauwarm oder abgekühlt servieren.

Çılbır, das traditionelle türkische Gericht aus pochierten Eiern auf Joghurt, ist ein Klassiker der anatolischen Küche. Meine Mutter servierte als Mezze oft eine vegetarische Version mit Champignons anstelle von Eiern, also »Türkische Eier ohne Eier«. Die in Olivenöl mit Knoblauch, Oregano und Gewürzen gebratenen Pilze harmonieren perfekt mit dem cremigen Joghurt und der geschmolzenen Chili-Butter.

GEBRATENE PILZE AUF JOGHURT MIT CHILI-BUTTER

- 400 g Champignons
- 2 Knoblauchzehen
- 3 EL Olivenöl
- 1 TL getrockneter Oregano
- Salz
- Pfeffer
- 2 EL Butter
- 1 TL Chiliflocken
- 1 TL Paprikapulver (edelsüß oder rosenscharf nach Belieben)
- 2 Stängel Petersilie
- 500 g griech. Joghurt

1 Die Pilze putzen und in Scheiben schneiden. Den Knoblauch schälen und in feine Würfel schneiden.

2 In einer großen Pfanne das Olivenöl bei mittlerer Hitze erhitzen. Die Pilze darin goldbraun anbraten. Knoblauch, Oregano, Salz und Pfeffer untermischen und alles 5–7 Min. weiterbraten, bis die Champignons leicht knusprig sind. Die Pfanne vom Herd nehmen.

3 In einem kleinen Topf die Butter schmelzen. Chiliflocken und Paprikapulver hinzufügen und kurz bei schwacher Hitze ziehen lassen, bis die Butter schön rot ist und aromatisch duftet.

4 Die Petersilie waschen, trocken tupfen und die Blätter leicht zerzupfen. Den Joghurt mit 1 Prise Salz glatt rühren und in vier Teller verteilen. Die Pilze darauf anrichten und die warme Chili-Butter darüberträufeln. Mit Petersilie garniert servieren.

Sardinen gehören zu den Schätzen des Mittelmeers und sind seit Jahrhunderten fester Bestandteil der Küstenküchen. Ob frisch gegrillt oder eingelegt, sie haben stets einen intensiven Geschmack und sind zudem Symbol für Einfachheit und tiefe Verbindung der mediterranen Völker zum Meer. In Weinblätter gehüllt und gegrillt, entfalten sie eine einzigartig herzhafte Note.

GEGRILLTE SARDINEN IM WEINBLATT AUF RUCOLA UND TOMATEN

- 12 frische Sardinen mit Kopf (küchenfertig)
- Salz
- Pfeffer
- 12 große Weinblätter (in Salzlake)
- 6 EL Olivenöl
- 1 Bund Rucola
- 4 Tomaten
- 1 Bio-Zitrone

1 Die Sardinen unter kaltem Wasser abspülen und trocken tupfen. Innen und außen mit Salz und Pfeffer würzen.

2 Die Weinblätter kalt abspülen, abtropfen lassen und auslegen. Jede Sardine in je 1 Weinblatt wickeln. Die Weinblätter und eventuell herausragende Sardinenköpfe mit 2 EL Olivenöl bestreichen.

3 Den Rucola verlesen, waschen und trocken schütteln. Die Tomaten waschen und in dicke Scheiben schneiden, dabei die Stielansätze entfernen. Die Zitrone heiß waschen und in Spalten schneiden.

4 Eine Grillpfanne (oder den Grill) vorheizen. Die eingewickelten Sardinen auf jeder Seite etwa 3–4 Min. grillen, bis die Weinblätter leicht verkohlt und die Sardinen gar sind.

5 Den Rucola und die Tomaten auf Teller verteilen und die Sardinen darauf anrichten. Mit dem übrigen Olivenöl (4 EL) beträufeln, nach Belieben mit Salz und Pfeffer bestreuen. Mit den Zitronenspalten garnieren.

Gefüllte Zucchiniblüten sind für mich ein Symbol für mediterrane Küche – egal ob aus Italien, der Türkei oder Griechenland. Die zarten Blüten, gefüllt mit Kräutern und Reis, treffen auf cremigen Joghurt und würziges Chili-Knoblauch-Öl. Diese frischen Aromen und einfachen Zutaten sind es, die die Küche des Mittelmeers so besonders machen.

GEFÜLLTE ZUCCHINIBLÜTEN

Für die Zucchiniblüten

- 1 Zwiebel
- 2 EL Olivenöl
- 200 g Rundkornreis (z. B. Baldo-Reis)
- 300 ml Gemüsebrühe
- 1 Bund Dill
- 1 Bund Petersilie
- 1 Bund Minze
- 1 TL gemahlener Piment
- Salz
- Pfeffer
- Saft von 1 Zitrone
- 12 Zucchiniblüten mit Mini-Zucchini

Außerdem

- 1 Knoblauchzehe
- 2 EL Olivenöl
- 1 TL Chiliflocken
- 200 g cremiger Joghurt
- 1 Spritzer Zitronensaft
- Dämpfaufsatz

1 Für die Zucchiniblüten die Zwiebel schälen und in feine Würfel schneiden. 1 EL Olivenöl in einem Topf erhitzen und die Zwiebel darin glasig dünsten. Den Reis kurz mitbraten. Die Brühe hinzufügen und den Reis bei mittlerer Hitze köcheln, bis die Flüssigkeit fast vollständig aufgenommen wurde, der Reis aber noch bissfest ist. Den Topf vom Herd nehmen und den Reis abkühlen lassen.

2 Die Kräuter waschen, trocken tupfen, die Blätter fein hacken und unter den Reis mischen. Mit Piment, Salz und Pfeffer kräftig würzen. Den Zitronensaft untermischen.

3 Die Zucchiniblüten vorsichtig öffnen und den Blütenstempel entfernen. Die Reismischung in die Blüten füllen und die Blütenblätter über der Füllung zusammenfalten.

4 In einem Topf passend zum Dämpfaufsatz Wasser zum Kochen bringen. Die Zucchiniblüten in den Dämpfaufsatz legen, leicht salzen und mit dem restlichen Olivenöl (1 EL) beträufeln. Den Dämpfaufsatz auf den Topf setzen und die Zucchiniblüten zugedeckt etwa 10 Min. dämpfen, bis die Blüten weich sind.

5 Den Knoblauch schälen und fein würfeln. In einer kleinen Pfanne das Olivenöl erhitzen, den Knoblauch kurz andünsten, bis er duftet. Die Chiliflocken kurz mitbraten. Die Pfanne vom Herd nehmen und das Chili-Knoblauch-Öl abkühlen lassen.

6 Den Joghurt mit etwas Salz glatt rühren, mittig auf die Teller verteilen und mit dem Chili-Knoblauch-Öl beträufeln. Die gefüllten Zucchiniblüten darauflegen und mit etwas Zitronensaft beträufeln.

Diese vegetarischen Paçanga Böreği sind eine moderne Abwandlung des türkischen Meyhane-Klassikers. Traditionell werden sie mit Pastırma gefüllt, dies hier ist eine frische, sommerliche Variante mit Schafskäse und Zucchini. Der knusprige Filoteig und die cremige Füllung machen dieses Gericht zu einem vegetarischen Leckerbissen.

FILOTEIGROLLEN MIT FETA UND ZUCCHINI

Für die Filoteigrollen

- 1 Zucchino
- Salz
- 150 g Schafskäse (Feta)
- 100 g Frischkäse
- 1 TL getrockneter Oregano
- Pfeffer
- 8 dreieckige Filoteigblätter (Yufkateigblätter)
- 2 Eier
- 200 g Panko (asiat. Semmelbrösel)

Für die Vinaigrette

- 2 EL Zitronensaft
- 4 EL Olivenöl
- 1 TL Honig
- Salz
- Pfeffer

Außerdem

- 500 ml Öl zum Frittieren
- 8 Mini-Römersalatblätter

1 Für die Filoteigrollen den Zucchino waschen, putzen und auf einer Küchenreibe fein raspeln. In einer Schüssel mit 1 Prise Salz mischen und 10–15 Min. Wasser ziehen lassen.

2 Die Raspel gut ausdrücken und in einer Schüssel mit Schafskäse, Frischkäse und Oregano mischen. Mit Salz und Pfeffer würzen.

3 Die Filoteigblätter auf der Arbeitsfläche auslegen und jeweils 1 EL Zucchino-Käse-Füllung auf die breiten Seiten der Dreiecke setzen. Die Seitenränder einklappen und die Teigdreiecke straff aufrollen. Die Spitzen der Dreiecke an den Unterseiten leicht mit Wasser bestreichen (s. Tipp).

4 Die Eier in einem tiefen Teller verquirlen. Den Panko auf einem weiteren Teller verteilen. Die Rollen zuerst im Ei, dann im Panko wenden.

5 Das Öl in einer Pfanne erhitzen und die Rollen darin in etwa 5 Min. rundherum goldbraun und knusprig frittieren. Auf Küchenpapier legen und entfetten lassen.

6 Für die Vinaigrette Zitronensaft, Olivenöl und Honig in einer kleinen Schüssel verquirlen. Mit Salz und Pfeffer würzen.

7 Die Römersalatblätter waschen, trocken tupfen, auf Teller verteilen und mit der Zitronen-Honig-Vinaigrette beträufeln. Die knusprigen Filoteigrollen auf die Römersalatblätter legen.

Tipp: Bestreicht man Filoteig mit etwas Wasser, wird er klebrig. So kann man die Spitzen der Teigrollen fixieren. Die Rollen bleiben fest verschlossen und fallen beim Frittieren nicht auseinander.

Klassiker mit modernem Twist: Diese Baklava bringt eine moderne, frische Note in das klassische türkische Dessert. Die leichten Knusperplatten werden nicht im Ofen gebacken, sondern frittiert und mit zitronenfruchtiger Mascarponecreme und knackigen Pistazien zu einem luftigen Dessert geschichtet. Vanilleeis und frische Beeren toppen die moderne Baklava-Variante.

DECONSTRUCTED BAKLAVA MIT MASCARPONE UND PISTAZIEN

- 500 ml Öl zum Frittieren
- 200 g Baklavateig (ersatzweise Yufkateig)
- 1 Bio-Zitrone
- 400 g Mascarpone
- 1 EL Zucker
- 100 g gehackte Pistazien
- 4 Kugeln Vanilleeis
- Beeren der Saison (z. B. Johannisbeeren, Himbeeren, Heidelbeeren)

1 Das Öl in einem Topf auf 170–180° erhitzen. Die Teigblätter nacheinander in 10 x 10 cm große Quadrate schneiden.

2 Die Teigquadrate nacheinander in das heiße Öl geben und in 15–20 Sek. goldbraun frittieren, dabei zwischendurch wenden. Die knusprigen Teigstücke herausheben und auf Küchenpapier entfetten lassen.

3 Die Zitrone heiß waschen, trocken tupfen, die Schale abreiben und etwas Saft auspressen. Die Mascarpone mit dem Zucker, 1 TL Zitronensaft und Zitronenschale cremig rühren. 80 g Pistazien untermischen.

4 Auf die Teller jeweils ein knuspriges Teigblatt legen und 1 EL Mascarponecreme darauf verteilen. Auf die gleiche Weise fünf weitere Schichten daraufstapeln. Auf das letzte Blatt einen Klecks Mascarponecreme geben.

5 Die Baklava mit 1 Kugel Vanilleeis, den restlichen Pistazien (20 g) und frischen Beeren garniert servieren.

Tırnak Pide wird dieses traditionelle türkische Fladenbrot in seiner Heimat genannt. Den Namen verdankt es den charakteristischen Fingereindrücken auf der Oberfläche. Ähnlich wie bei einer italienischen Focaccia sorgen sie für die typische Oberfläche des Brots. Der Vorteig wird am Abend vorher zubereitet und verleiht dem Brot eine Extra-Portion Geschmack und Aroma. Ob zu Kebabs oder Mezze serviert, Tırnak Pide ist ein Allrounder und passt immer.

TÜRKISCHES FLADENBROT

Für den Vorteig
- 100 g Mehl
- 100 ml lauwarmes Wasser
- 1 g Trockenhefe

Für den Hauptteig
- 5 g Trockenhefe
- 250 ml lauwarmes Wasser
- 400 g Mehl (vorzugsweise Type 00)
- 5 g Salz

Für die Glasur
- 1 Ei
- 3 EL Joghurt

Außerdem
- Mehl für das Backblech
- 1 EL Schwarzkümmel
- 1 EL weißer Sesam

1 Am Vorabend für den Vorteig Mehl mit Wasser und Hefe in einer Schüssel mischen. Vorteig abgedeckt bei Zimmertemperatur ruhen lassen.

2 Am nächsten Tag für den Hauptteig die Hefe im Wasser auflösen und mit dem Vorteig mischen. Nach und nach das Mehl hinzufügen und zu einem Teig kneten. Nach 1–2 Min. das Salz unterkneten. Den Teig etwa 5 Min. weiterkneten, bis er glatt und elastisch ist.

3 Den Teig abgedeckt bei Zimmertemperatur etwa 1½ Std. gehen lassen, bis er sein Volumen verdoppelt hat.

4 Den Teig in sechs gleich große Stücke teilen. Die Stücke zu glatten Kugeln formen und mit einem feuchten Geschirrtuch bedeckt 10 Min. ruhen lassen.

5 Die Teigkugeln mit dem Nudelholz 5 mm dick ausrollen. Die Teigkreise auf zwei mit Mehl bestäubte Backbleche legen und mit einem feuchten Geschirrtuch bedeckt 20 Min. gehen lassen. Den Backofen auf 250° vorheizen.

6 Für die Glasur Ei und Joghurt in einer Schüssel verrühren. Die Glasur großzügig auf die Teigfladen streichen. Mit den Fingerspitzen in die Oberfläche Vertiefungen drücken. Die Teigfladen mit Schwarzkümmel und Sesam betreuen.

7 Die Pide auf den beiden Blechen nacheinander im Ofen (Mitte) in 8–10 Min. goldbraun backen. Herausnehmen und in einen mit einem Tuch ausgelegten Korb legen, damit sie nicht austrocknen.

Laktosefrei: Für eine laktosefreie Glasurvariante in einer Schüssel 40 g Mehl mit 50 ml Wasser verrühren. 250 ml kochendes Wasser hinzufügen und alles zu einer sämigen Glasur verrühren.

ST. PAU

Brot ist in der türkischen Küche weit mehr als nur eine Beilage – es ist ein essenzieller Bestandteil jeder Mahlzeit. Ob fluffiges Pide, knuspriges Lavaş, herzhaftes Simit oder rustikales Ekmek, die Vielfalt ist beeindruckend. Frisch gebackenes Brot zum Dippen in Mezze, als Begleiter zu deftigen Eintöpfen, zu Kebabs oder gefüllt mit Käse und Kräutern: Brot ist in der Türkei allgegenwärtig und unersetzlich. Es spiegelt die Kultur des Teilens wider und bringt Menschen an einen Tisch – einfach, aber unverzichtbar.

GRIECHENLAND

GRIECHENLAND – EINFACHHEIT, GESCHMACK UND SEELE DER ÄGÄIS

Griechenland ist ein Land der Sonne, des Meers und der Berge. Diese Vielfalt spiegelt sich auch in der Küche wider, die von der Frische und Qualität der Zutaten lebt. Die Aromen des Mittelmeers werden hier in ihrer reinsten Form gefeiert. Ob Olivenöl, würziger Feta, frisches Gemüse oder feine Meeresfrüchte – die griechische Küche ist eine Liebeserklärung an die Natur und die Jahreszeiten.

EINE LIEBESERKLÄRUNG AN DIE GRIECHISCHE LEBENSFREUDE, AN DIE TRADITION DES TEILENS UND AN DIE UNVERWECHSELBAREN AROMEN DER ÄGÄIS.

Die griechische Esskultur ist von Einfachheit geprägt, ohne jemals banal zu wirken. Aus wenigen Zutaten werden sämtliche Geschmacksnuancen herausgeholt. Dabei geht es nicht nur darum, was auf dem Teller liegt, sondern auch darum, wie man es genießt: in Gemeinschaft, bei einem Glas Wein oder Ouzo, mit guten Gesprächen und der Gelassenheit, die das Leben in der Ägäis ausmacht.

In diesem Kapitel findest du eine Auswahl meiner liebsten griechischen Gerichte, die diese Philosophie widerspiegeln. Ein Klassiker ist Taramosalata, eine feine Creme aus Fischrogen, Zitronensaft und Olivenöl. Meine Version bringt durch die Balance von Salz und Säure die Essenz dieses Gerichts auf den Punkt. Ebenso gehört Tirokafteri, ein würziger Dip aus Feta und Joghurt, zu den Favoriten. Hier wird die Cremigkeit durch geröstete Möhren und die Süße von Haselnüssen ergänzt, während Chiliöl für einen Hauch Schärfe sorgt.

Ein weiteres Highlight ist mein Tzatziki, bei dem die Frische von Joghurt und Gurke durch grüne Apfelscheiben, geröstete Walnüsse und einen Hauch Chiliöl eine moderne Note erhält. Dieses Gericht ist eine harmonische Verbindung von Tradition und Kreativität.

Griechenland wäre nicht Griechenland ohne Meeresfrüchte. Mein Rezept für Saganaki mit Garnelen, serviert in einer würzigen Tomatensauce mit Feta, bringt die Aromen der Küste direkt auf den Teller. Oder die frittierten Kalamari-Ringe, die mit einem Walnuss-Tarator-Dip serviert werden – ein Gericht, das an Sommerabende am Meer erinnert.

GRIECHISCHE KÜCHE LEBT VON DER LIEBE ZU DEN ZUTATEN.

Auch die Verbindung von herzhaften und süßen Aromen hat in der griechischen Küche ihren festen Platz. Mein Halloumi, kombiniert mit gebackenen Pfirsichen, Oreganoblüten und einer Honig-Zitronen-vinaigrette, zeigt, wie perfekt diese Kombination sein kann. Der gegrillte Römersalat mit Manouri-Käse, Chiliöl und Haselnüssen ist ein weiterer Beweis dafür, wie aus wenigen Zutaten ein Gericht entstehen kann, das nach Sommer und Mittelmeer schmeckt.

"THRUMBA"
of Thassos
"THRUMBA"
of Thassos
BLACK
OLIVES
"THRUMBA"
of Thassos

ΚΥΛΙΝΔΡΟΜΥΛΟΙ
ΓΡΕΒΕΝΩΝ
ΗΛΙΑΣ & ΚΩΝ/ΝΟΣ
ΑΜΑΝΑΤΙΔΗΣ Ο.Ε.
1ο ΧΛΜ ΓΡΕΒΕΝΩΝ - ΙΩΑΝΝΙΝΩΝ
ΤΗΛ. 24620 28018 FAX. 22280

Neben herzhaften Gerichten hat auch Salat einen besonderen Platz in der griechischen Küche. Der griechische Salat mit Dakos, getrocknetem Gerstenbrot, zeigt, wie aus Tomaten, Gurken, Oliven und Feta ein einfaches, aber unvergessliches Gericht wird. Das Rezept für Wassermelone mit Gurkenstreifen, verfeinert mit Fetacreme, Minze und Haselnüssen, ist eine erfrischende Variante, die die Leichtigkeit des griechischen Sommers einfängt.

Die griechische Küche wäre unvollständig ohne ihre Getränke. Ouzo, der bekannte Anisschnaps, ist ein essenzieller Bestandteil der griechischen Kultur. Er unterstreicht die Aromen der Gerichte und wird oft zu Mezze wie Taramosalata oder Tzatziki gereicht. Die griechische Weinkultur hat in den letzten Jahren internationale Anerkennung gefunden. Besonders die Assyrtiko-Trauben von Santorini, bekannt für ihre mineralischen Weißweine, und die Agiorgitiko-Trauben aus der Region Nemea, die fruchtige Rotweine hervorbringen, spiegeln die Vielfalt der griechischen Weintradition wider.

Ein weiteres Highlight ist Retsina, ein Weißwein, der durch die Zugabe von Kiefernharz seinen einzigartigen Geschmack erhält. Er mag polarisieren, doch er gehört zu Griechenland wie Feta oder Olivenöl.

Die griechische Küche lebt von der Liebe zur Qualität der Zutaten. Die Einfachheit der Gerichte wird durch Sorgfalt und Hingabe bei der Zubereitung ergänzt. Dieses Kapitel ist eine Liebeserklärung an die griechische Lebensfreude, an die Tradition des Teilens und an die unverwechselbaren Aromen der Ägäis.

DIE VERBINDUNG VON HERZHAFTEN UND SÜSSEN AROMEN HAT IN DER GRIECHISCHEN KÜCHE EINEN FESTEN PLATZ.

Griechische Pitas sind die perfekte Beilage für jedes Mezze-Essen – weich, fluffig und unglaublich vielseitig. Anders als die Nahost-Variante sind sie etwas dicker und ideal für Gyros, Souvlaki oder als Dip-Begleitung zu Olivenöl, Taramasalata und Tzatziki. Pitas sind ganz einfach zuzubereiten und gelingen garantiert.

GRIECHISCHE PITA

- 5 g Trockenhefe
- 5 g Zucker
- 220 ml lauwarmes Wasser
- 80 g Joghurt
- 400 g Mehl (plus etwas mehr zum Arbeiten)
- 5 g Salz
- 1 EL getrockneter Oregano
- 2 EL Olivenöl

1 In einer großen Schüssel Hefe, Zucker und Wasser verrühren. Die Mischung etwa 5 Min. ruhen lassen, bis sich kleine Blasen bilden.

2 Joghurt, Mehl, Salz und Oregano zur Hefemischung geben und alles in 8–10 Min. zu einem geschmeidigen, weichen Teig verkneten. Den Teig zu einer Kugel formen und dabei, falls er noch klebrig ist, etwas mehr Mehl hinzufügen. Eine große Schüssel mit etwas Olivenöl einfetten. Den Teig darin mit einem Küchentuch abgedeckt an einem warmen Ort etwa 1 Std. gehen lassen, bis sich sein Volumen verdoppelt hat.

3 Den Teig in vier Portionen teilen und diese zu Kugeln formen. Mit einem Tuch abgedeckt weitere 10 Min. ruhen lassen.

4 Die Teigkugeln auf der leicht bemehlten Arbeitsfläche mit dem Nudelholz zu einem etwa 1 cm dicken runden Fladen ausrollen. Alternativ die Kugeln mit den Händen zu Kreisen formen.

5 Eine Pfanne bei mittlerer Hitze erhitzen und mit etwas Olivenöl ausstreichen. Die Teigfladen nacheinander in der Pfanne auf jeder Seite 2–3 Min. backen, bis sie goldbraun und leicht aufgebläht sind, dabei gelegentlich mit einem Pfannenwender leicht andrücken, damit sie gleichmäßig backen. Die Pitas warm servieren.

Aromakick: Noch aromatischer schmecken Pitas, wenn man frischen Oregano in den Teig gibt. Ein Highlight sind Pitabrote, die man auf dem Grill gebacken hat.

Taramosalata ist ein traditionelles griechisches Gericht, das seinen Weg auch in die türkische Küche gefunden hat. Ursprünglich wurde es aus gesalzenem Fischrogen, Olivenöl, Brot oder Kartoffeln und Zitronensaft zubereitet. Die intensive Creme war besonders während der Fastenzeiten beliebt, heute steht sie als Teil eines Mezze-Büfetts auf vielen Tischen im östlichen Mittelmeerraum.

TARAMOSALATA

- 2 Scheiben Weißbrot vom Vortag (ohne Kruste)
- 100 ml Milch
- 150 g gesalzener Fischrogen (vorzugsweise von Meeräsche, Karpfen oder Kabeljau)
- 100 ml Olivenöl (plus etwas mehr zum Beträufeln
- Saft von 1 kleinen Zitrone
- Salz
- Pfeffer

1 Das Weißbrot in Stücke zupfen, mit der Milch übergießen und etwa 30 Min. einweichen.

2 Das Brot ausdrücken und in einer Schüssel mit dem Fischrogen mischen. Das Olivenöl in einem dünnen Strahl unterrühren, bis die Masse cremig ist. Den Zitronensaft und falls nötig 1–2 EL Wasser untermischen, um die gewünschte Konsistenz zu erreichen. Mit Salz und Pfeffer würzen.

3 Die Taramosalata in eine Schale füllen, in die Mitte eine Vertiefung drücken und etwas Olivenöl hineinträufeln. Mit Brot servieren.

Besonders cremig wird die Taramosalata, wenn man das Olivenöl mit dem Pürierstab oder im Küchenmixer untermischt.

Tirokafteri ist ein würziger Feta-Dip, der aus der griechischen Küche nicht wegzudenken ist. Die Variante hier verbindet einfache Zutaten – gebackene Möhren, geröstete Haselnüsse und scharfes Chiliöl – zu einem Bestandteil eleganter, aromatischer Mezze. Die leicht karamellisierten Möhren sorgen für eine natürliche Süße, die perfekt mit der Cremig-keit des Feta-Dips und der Schärfe des Chiliöls harmoniert.

FETADIP MIT MÖHREN, NÜSSEN UND CHILIÖL

Für die Möhren

- 4 Möhren
- ½ Bio-Zitrone
- 2 EL Olivenöl
- 1 TL getrockneter Oregano
- 1 EL Honig
- Salz
- Pfeffer

Für den Dip

- 200 g Schafskäse (Feta)
- 100 g griech. Joghurt
- 1 EL Olivenöl
- 1 TL Zitronensaft
- Salz
- Pfeffer

Für das Chiliöl

- 3 EL Olivenöl
- 1 TL Chiliflocken

Außerdem

- 50 g Haselnusskerne

1 Für die Möhren den Backofen auf 180° vorheizen. Die Möhren schälen und längs halbieren. Die Zitrone heiß waschen, trocken tupfen und die Schale abreiben. In einer Schüssel Olivenöl, Zitronenschale, Oregano, Honig, Salz und Pfeffer verrühren.

2 Die Möhren auf einem mit Backpapier belegten Backblech verteilen und im Ofen (Mitte) 25–30 Min. backen, bis sie leicht gebräunt und bissfest gegart sind.

3 Für den Dip den Feta zerbröseln und mit Joghurt, Olivenöl und Zitronensaft in einer Schüssel glatt rühren. Mit Salz und Pfeffer würzen.

4 Für das Chiliöl das Olivenöl in einem kleinen Topf erhitzen, die Chiliflocken einrühren und kurz bei niedriger Hitze ziehen lassen, bis das Öl sich leicht verfärbt und chiliwürzig schmeckt.

5 Die Haselnüsse in einer Pfanne oder im Backofen bei 180° rösten, bis sich die Häutchen leicht lösen. Die Nüsse in ein Küchentuch geben und die Häute abrubbeln. Die Haselnüsse grob hacken und in einer Pfanne goldbraun rösten.

6 Den Feta-Dip auf Teller verteilen und mit dem Chiliöl beträufeln. Die Möhren auf dem Dip anrichten und mit den Nüssen bestreuen.

Oktopus ist eine Delikatesse aus der griechischen Küche und wird seit Jahrtausenden an den Küsten des Mittelmeers zubereitet. Ob gegrillt, gekocht oder mariniert – der achtarmige Meeresbewohner ist in Griechenland fester Bestandteil auf den Speisekarten. Hier bringt zarter Oktopus mit Tomaten, Kalamata-Oliven und der unverkennbaren Würze von Zitrone und Olivenöl das Lebensgefühl der griechischen Inseln auf die Teller.

OKTOPUSSALAT MIT OLIVEN, TOMATEN UND ROTEN ZWIEBELN

- 500 g gegarter Oktopus
- 100 g entsteinte Kalamata-Oliven
- 200 g bunte Tomaten
- 1 rote Zwiebel
- ½ Bund Petersilie
- 4 EL Olivenöl
- Saft von 1 Zitrone
- Salz
- Pfeffer

1 Den Oktopus in mundgerechte Stücke schneiden. Die Oliven nach Belieben halbieren. Die Tomaten waschen und in Scheiben schneiden, dabei die Stielansätze entfernen. Die Zwiebel schälen und in feine Ringe schneiden. Die Petersilie waschen, trocken schütteln und die Blätter grob zerzupfen. Die vorbereiteten Zutaten in eine Schüssel geben.

2 In einer kleinen Schüssel Olivenöl, Zitronensaft, Salz und Pfeffer verrühren. Die Vinaigrette über die Zutaten in der Schüssel gießen und alles vorsichtig mischen. Den Salat mit Salz und Pfeffer abschmecken.

Halloumi, der Nationalkäse Zyperns, ist bei Griechen und Türken gleichermaßen beliebt. Er steht für kulinarische Völkerverständigung in der Küche. In diesem Rezept wird Halloumi scharf in Olivenöl angebraten und mit saftig gebackenen Pfirsichen kombiniert. Serviert auf Mini-Römersalatblättern, aromatisiert mit einer leicht süßsäuerlichen Zitronen-Honig-Vinaigrette und Oreganoblüten ist er eine perfekte Verbindung aus herzhaft, frisch und fruchtig.

HALLOUMI MIT PFIRSICH, OREGANO UND ZITRONENVINAIGRETTE

Für Pfirsiche und Halloumi

- 2 Pfirsiche
- 3 EL Olivenöl
- Salz
- 200 g Halloumi

Für die Vinaigrette

- Saft von 1 Zitrone
- 2 TL Honig
- 1 TL Dijon-Senf
- 3 EL Olivenöl
- Salz
- Pfeffer

Außerdem

- 8 Mini-Römersalatblätter
- Pfeffer
- 2 EL getrocknete Oreganoblüten

1 Die Pfirsiche waschen, vierteln und die Kerne entfernen. Die Viertel mit 1 EL Olivenöl und Salz marinieren. Die Pfirsiche in einer Grillpfanne (oder auf dem Grill) bei mittlerer Hitze auf jeder Seite 3–4 Min. grillen, bis sie leicht gebräunt und weich sind.

2 Den Halloumi in etwa 1 cm dicke Scheiben schneiden. In einer Pfanne das restliche Olivenöl (2 EL) erhitzen und den Halloumi darin auf beiden Seiten jeweils in 2–3 Min. braun und knusprig anbraten.

3 Für die Vinaigrette in einer kleinen Schüssel alle Zutaten zu einer homogenen Mischung verrühren.

4 Die Salatblätter waschen, trocken schütteln und jeweils 2 Blätter auf die Teller verteilen. Halloumi und Pfirsichspalten auf die Salatblätter legen und alles mit der Vinaigrette beträufeln. Halloumi und Pfirsiche mit Pfeffer und Oreganoblüten bestreuen.

Zaziki ist der Dip aller Dips, quasi das griechische Heiligtum. Joghurt, Knoblauch, Gurken und Olivenöl in perfekter Harmonie, immer bereit, jedes Grillgericht in die nächste Dimension zu katapultieren. Und weil wir gerne Dinge aufpeppen: Hier kommt meine Version mit knackigen grünen Apfelscheiben, gerösteten Walnüssen und einem Hauch Chiliöl – für alle, die ein bisschen Schärfe lieben.

TZATZIKI MIT GRÜNEM APFEL, WALNÜSSEN, CHILIÖL UND DILL

- ½ Gurke
- Salz
- 50 g Walnusskerne
- 1 Knoblauchzehe
- 1 grüner Apfel
- 300 g griech. Joghurt
- 1 EL Zitronensaft
- 2 EL Olivenöl
- Pfeffer
- 1 EL Chiliöl
- 2 EL Dillspitzen

1 Die Gurke waschen, längs halbieren, die Kerne mit einem Löffel auskratzen und die Hälften in feine Würfel schneiden. Die Gurke in einem Sieb mit etwas Salz mischen und etwa 10 Min. abtropfen lassen.

2 Die Walnüsse mit den Händen leicht auseinanderbrechen und in einer trockenen Pfanne goldbraun rösten. Den Knoblauch schälen und in feine Würfel schneiden. Den Apfel waschen, vierteln, das Kerngehäuse entfernen und die Viertel in etwa 3 mm dicke Scheiben schneiden.

3 Die Gurke gut ausdrücken und in einer Schüssel mit Joghurt und Knoblauch mischen. Mit Zitronensaft, Olivenöl, Salz und Pfeffer würzen.

4 Das Tzatziki auf Teller verteilen. Die Apfelscheiben dekorativ hineinstecken und die Walnüsse dazwischen anordnen. Das Chiliöl darüberträufeln und mit Dill garnieren.

Feta Saganaki ist ein Klassiker der griechischen Küche. Würziger Käse in knusprig gebratenem Sesammantel mit geschmorten süßen Zwiebeln und saftigen Tomaten – diese Kombination bringt das Beste der mediterranen Küche auf die Teller. Traditionell wird Feta Saganaki im Kupferpfännchen gebraten und serviert, aber auch als Tellergericht ist er ein Highlight, das sofort an Urlaub in Griechenland erinnert.

FETA IM SESAMMANTEL MIT GESCHMORTEM GEMÜSE

Für das Gemüse

- 4 Tomaten
- 4 süße Zwiebeln
- 2 EL Olivenöl
- Salz
- Zucker

Für den Feta

- 2 Eier
- 100 g Mehl
- 100 g Sesam
- 300 g Schafskäse (Feta)
- 4 EL Olivenöl

1 Für das Gemüse den Backofen auf 185° Umluft vorheizen. Tomaten und ungeschälte Zwiebeln auf ein Backblech legen. Mit dem Olivenöl beträufeln, leicht salzen und mit 1 Prise Zucker bestreuen.

2 Das Gemüse im Ofen (Mitte) in etwa 45 Min. weich schmoren. Tomaten und Zwiebeln herausnehmen und vorsichtig schälen.

3 Für den Feta die Eier in einem tiefen Teller verquirlen. Mehl und Sesam jeweils auf einem Teller verteilen. Den Feta in vier Scheiben schneiden, zuerst im Mehl wenden, dann durch die Eier ziehen und abschließend in den Sesam drücken, damit er rundherum überzogen ist.

4 In einer Pfanne das Olivenöl bei mittlerer Hitze erhitzen. Den Feta auf beiden Seiten in etwa 2–3 Min. goldbraun und knusprig braten.

5 Die geschmorten Tomaten und Zwiebeln mittig auf Teller legen. Den Feta Saganaki darauf anrichten und sofort servieren.

Dieser gegrillte Römersalat mit Manouri, Chiliöl und gerösteten Haselnüssen ist ein perfektes Beispiel für einfache, aber aromatische mediterrane Küche. Die Kombination aus knackigem Salat, cremigem Käse und der leichten Schärfe von Chiliöl sorgt für ein ausgewogenes Geschmackserlebnis. Ob als raffinierte Vorspeise oder leichtes Hauptgericht, dieser Salat bringt sommerliche Frische auf den Teller.

GEGRILLTER RÖMERSALAT MIT MANOURI UND HASELNÜSSEN

- 3 EL Olivenöl
- Saft von 1 Zitrone
- Salz
- Pfeffer
- 4 Mini-Römersalatherzen
- 50 g Haselnusskerne
- 200 g Manouri-Käse
- 2 EL Chiliöl

1 In einer Schüssel 2 EL Olivenöl mit Zitronensaft, Salz und Pfeffer verrühren. Die Römersalatherzen waschen, trocken schütteln und in einer Schüssel mit der Zitronenvinaigrette mischen.

2 Die Haselnüsse in einer Pfanne rösten, bis sich die Häutchen leicht lösen. Die Nüsse in ein Küchentuch geben und die Häutchen abrubbeln. Dann grob hacken und in einer Pfanne goldbraun rösten.

3 Eine Grillpfanne oder den Grill vorheizen. Den marinierten Römersalat mit den Schnittseiten nach unten etwa 2–3 Min. grillen, bis er leichte Grillstreifen bekommt und weich wird.

4 Den Manouri in Scheiben schneiden und in einer Pfanne oder auf dem Grill kurz anbraten, bis er leicht gebräunt und weich ist.

5 Die gegrillten Römersalatherzen auf einem Teller anrichten und die Manouri-Scheiben daraufbröseln. Das Ganze mit Chiliöl beträufeln und die gerösteten Haselnüsse darüberstreuen.

Griechischer Salat ist ein mediterraner Klassiker. Die Variante hier erhält durch die knusprigen Dakos aus Kreta eine besondere Textur. Zusammen mit saftigen Kirschtomaten, knackigen Gurken und der milden Süße der Kapernäpfel wird der Salat zu einem frischen, aromatischen Genuss. Zerbröselter Feta und Kalamata-Oliven verleihen ihm zudem eine herzhafte Note.

GRIECHISCHER SALAT MIT DAKOS

Für den Salat

- 200 g Kirschtomaten
- 1 Gurke
- 1 grüne Paprika
- 1 rote Zwiebel
- 8–10 Kapernäpfel
- 1 Handvoll Minzeblätter
- 1 Handvoll Kalamata-Oliven
- 150 g Dakos (getrocknetes Brot aus Kreta; ersatzweise Croûtons, s. Rezept S. 164)
- 200 g Schafskäse (Feta)

Für die Vinaigrette

- 5 EL Olivenöl
- 2 EL Zitronensaft
- 1 TL getrocknete Oreganoblüten (optional)
- Salz
- Pfeffer

1 Für den Salat die Tomaten waschen und halbieren. Die Gurke waschen und in Scheiben schneiden. Die Paprika waschen, halbieren, weiße Trennwände und Kerne entfernen, die Hälften in Streifen schneiden. Die Zwiebel schälen, halbieren und in dünne Ringe schneiden. Die Kapernäpfel längs halbieren. Die Minzeblätter grob hacken.

2 Die vorbereiteten Zutaten und die Oliven in einer großen Schüssel mischen.

3 Für die Vinaigrette alle Zutaten in einer Schüssel verquirlen. Die Dakos kurz in die Vinaigrette geben, sofort wieder herausnehmen und auf dem Salat verteilen. (Croûtons ohne Anfeuchten über den Salat streuen.)

4 Den Feta über den Salat bröckeln, die Vinaigrette darüberträufeln und den Salat servieren.

Saganaki mit Garnelen ist eine wunderbare Kombination aus herzhaftem Feta, saftigen Garnelen und fruchtigen Kirschtomaten, die mit grüner Paprika und Zwiebeln in einer selbst gemachten Tomatensauce geschmort werden. Das Gericht bringt das Beste aus der griechischen Küche auf den Teller. Frische Petersilie und Dill verleihen dem Gericht den letzten Schliff, während Feta es besonders herzhaft macht.

GARNELEN IN TOMATEN-PAPRIKA-SAUCE MIT FETA

Für die Tomatensauce
- 4 reife große Tomaten
- 2 EL Olivenöl
- 1 EL Tomatenmark
- 2 EL Apfelessig
- Zucker
- Salz
- Pfeffer

Für die Garnelen
- 1 rote Zwiebel
- 2 Knoblauchzehen
- 200 g Kirschtomaten
- 1 grüne Paprika
- 1 Handvoll Petersilie
- 1 Handvoll Dill
- 4 EL Olivenöl
- 8–10 große Garnelen in der Schale (entdarmt)
- Salz
- Pfeffer

Außerdem
- 200 g Schafskäse (Feta)

1 Für die Tomatensauce die Tomaten waschen, vierteln und in grobe Stücke schneiden, dabei die Stielansätze entfernen. In einem Topf das Olivenöl erhitzen. Tomaten, Tomatenmark, den Apfelessig und 1 Prise Zucker dazugeben und alles etwa 10 Min. köcheln lassen, bis die Sauce leicht eingedickt ist. Mit Salz und Pfeffer würzen. Die Tomatensauce mit dem Pürierstab oder im Standmixer pürieren.

2 Für die Garnelen die Zwiebel schälen und in feine Ringe schneiden. Den Knoblauch schälen und in feine Würfel schneiden. Die Tomaten waschen und halbieren. Die Paprika waschen, halbieren, weiße Trennhäute und Kerne entfernen, die Hälften in Streifen schneiden. Die Kräuter waschen und trocken schütteln.

3 In einer großen Pfanne das Olivenöl bei mittlerer Hitze erwärmen. Die Garnelen darin auf jeder Seite 2–3 Min. anbraten, bis sie rosa und leicht gebräunt sind.

4 Zwiebel, Knoblauch und Paprika 2 Min. mitbraten. Die Tomaten dazugeben und das Gemüse weitere 2 Min. braten, bis alles weich und leicht gebräunt ist.

5 Die Tomatensauce in die Pfanne geben und alles gut mischen. Mit Salz und Pfeffer abschmecken. Den Feta grob darüberbröseln und kurz schmelzen lassen.

6 Die Garnelen mit Sauce auf Teller verteilen oder in der Pfanne servieren. Mit etwas gezupfter Petersilie und Dill garnieren.

Diese erfrischende und elegante Kombination von süßer Wassermelone, cremiger Fetacreme, knackigen Gurkenstreifen und gerösteten Haselnüssen ist meine Version des Klassikers Melone mit Feta. Zitronenvinaigrette und frische Minze verleihen dem Gericht eine perfekte Balance aus Süße und Säure, während die Haselnüsse für den Crunch sorgen. Ein wunderbares Sommergericht.

WASSERMELONE MIT GURKE, FETACREME, MINZE UND HASELNÜSSEN

Für die Fetacreme

- 150 g Schafskäse (Feta)
- 100 g Frischkäse
- 1 EL Olivenöl
- Salz
- Pfeffer

Für den Salat

- 2 EL Zitronensaft
- 1 EL Olivenöl
- 1 TL Honig
- Salz
- Pfeffer
- 2 Salatgurken
- 4 EL Haselnusskerne
- 4 Minzeblätter
- 12 Scheiben Wassermelone (in Dreiecksform, je etwa 1 cm dick)

1 Für die Fetacreme den Feta mit Frischkäse und Olivenöl im Standmixer oder mit dem Pürierstab zu einer glatten Creme mixen. Mit Salz und Pfeffer würzen und kühl stellen.

2 Für den Salat Zitronensaft, Olivenöl und Honig in einer kleinen Schüssel verrühren. Mit Salz und Pfeffer würzen.

3 Die Gurken waschen und auf einem Küchenhobel längs in dünne Streifen schneiden. Die Gurkenstreifen mit der Zitronenvinaigrette mischen und kurz ziehen lassen.

4 Die Haselnüsse grob hacken und in einer trockenen Pfanne goldbraun rösten. Die Minzeblätter in feine Streifen schneiden.

5 Die Melonenscheiben auf Tellern anrichten und die Gurkenstreifen locker eingerollt danebensetzen. Die restliche Zitronenvinaigrette und die Fetacreme auf die Melonenscheiben träufeln. Mit den Haselnüssen und der Minze bestreut servieren.

Frittierte Kalamari-Ringe sind ein Klassiker der mediterranen Küche, besonders an den Küsten Griechenlands und der Türkei. In Kombination mit herzhaftem Walnuss-Tarator, einer Paste aus Walnüssen, Brot und Knoblauch, ergibt sich ein perfektes Spiel aus knuspriger Textur und cremigem Umami-Aroma. Frittierte Kalamari sind wie ein entspannter Sommertag am Meer – einfach und unwiderstehlich.

FRITTIERTE KALAMARIRINGE MIT WALNUSS-TARATOR

Für die Kalamari

- 600 g Tintenfischringe (vom Fischhändler)
- 1 TL Natron
- 1 Schuss Mineralwasser mit Kohlensäure
- 150 g Mehl
- 1 TL Salz
- ½ TL Pfeffer
- 1 l Frittieröl
- 1 Bio-Zitrone
- 4 Stängel Petersilie (optional)

Für den Walnuss-Tarator

- 2 Scheiben Weißbrot vom Vortag
- 2 Knoblauchzehen
- 150 g Walnusskerne
- 3 EL Olivenöl
- 1 EL Zitronensaft
- Salz
- Pfeffer

1 Für die Kalamari die Tintenfischringe mit Natron und dem Schuss Mineralwasser in einer Schüssel leicht durchkneten. Die Ringe im Kühlschrank etwa 1 Std. ruhen lassen. Danach gründlich abspülen und gut abtropfen lassen.

2 Für den Walnuss-Tarator das Brot in in Stücke zupfen und in Wasser einweichen. Den Knoblauch schälen. Walnüsse und Knoblauch im Standmixer oder mit dem Pürierstab fein mixen. Das Brot ausdrücken und alles zu einer glatten Paste mixen. Olivenöl, Zitronensaft, Salz, Pfeffer und ein wenig Wasser untermixen, bis der Walnuss-Tarator die gewünschte Konsistenz hat.

3 Die Tintenfischringe in einem Sieb abtropfen lassen. Mehl, Salz und Pfeffer in einer großen Schüssel mischen. Die Tintenfischringe darin wenden, bis sie gleichmäßig mit Mehl bedeckt sind. Danach die Ringe in einem Sieb kurz schütteln, um überschüssiges Mehl zu entfernen.

4 In einem hohen Topf das Öl auf etwa 180° erhitzen. Es ist heiß genug, wenn an einem hineingehaltenen Holzlöffelstiel Bläschen aufsteigen. Die Tintenfischringe im Öl portionsweise in 2–3 Min. goldbraun und knusprig frittieren. Mit einem Schaumlöffel herausheben und auf Küchenpapier entfetten lassen.

5 Die Zitrone heiß waschen und in Spalten schneiden. Nach Belieben Petersilie waschen, trocken schütteln und auf die Teller zupfen. Die Kalamariringe auf die Teller verteilen. Den Walnuss-Tarator und die Zitronenspalten dazu servieren.

WESTLICHES MITTELMEER

A VITA E
Bell
SI COM'ES

HAWAII
OCT
ML 851
ALOHA STATE

QUATTRO CANTI
PALERMO
Bisso
BISTROT
ENTRATA / ENTRY
VIA MAQUEDA, 172

BIBITE FREDDE
COLD DRINKS
BICCHIERE DI VINO
GLASS OF WINE
CAFFE' ESPRESSO
COFFEE
CREMINO CAFFE'
COFFE CREAM
CREME DE CAFE'
€ 1,50
FRAPPE' FRAGOLA O CIOCCOLATO
FRAPPE' STRAWBERRY OR CHOCOLATE
FRAPPE' FRAISE OU CHOCOLAT
€ 1,50
FRULLATI DI FRUTTA
FRUIT SMOOTHIE
BOISSON A' BASE DE FRUITS AU MIXER
€ 1,50
CORNETTI
CROISSANT

Westliches Mittelmeer – Kulinarische Seele zwischen Land und Meer

Das westliche Mittelmeer ist eine Region, in der Geschichte, Macht und Kultur seit Jahrtausenden miteinander verflochten sind. **Italien, Spanien und Portugal** (Letzteres liegt zwar am Atlantik, zählt aber kulturell zum Mittelmeerraum) – Länder, die einst Königreiche und Imperien waren – sind heute für ihre Küchen bekannt, die die Essenz der Region verkörpern. Doch was diese Küchen so besonders macht, ist nicht nur ihre handwerkliche Perfektion, sondern ihre Fähigkeit, die Einflüsse unterschiedlichster Kulturen zu vereinen.

Das westliche Mittelmeer ist ein Schmelztiegel. Die Römer hinterließen ihre Spuren ebenso wie die Mauren, die für Jahrhunderte Spanien, Portugal und Teile Süditaliens prägten. Die Einflüsse der arabischen Kultur sind bis heute spürbar – in den Gewürzen, den Zutaten und den Zubereitungstechniken. Zimt, Kreuzkümmel, Mandeln, Orangen und Granatäpfel, die in vielen Gerichten der westlichen Mittelmeeranrainer verwendet werden, sind Zeugnisse dafür. Die Araber brachten nicht nur neue Aromen, sondern zudem fortschrittliche landwirtschaftliche Techniken mit, die die Region zu einem fruchtbaren Paradies machten.

Auch der Einfluss der Seefahrt hat die Küchen Spaniens und Portugals geprägt. Die Entdecker und Eroberer dieser Länder brachten exotische Zutaten wie Tomaten, Paprika, Kartoffeln und Schokolade aus der Neuen Welt nach Europa – Zutaten, die heute unverzichtbar sind. Gleichzeitig blieb die Liebe zu heimischen Produkten wie Olivenöl, Wein und Fisch. Italien, das Herz des Römischen Reichs, entwickelte eine Küche, die in ihrer Einfachheit besticht, durch ihre perfekte Umsetzung aber immer wieder überrascht.

In diesem Kapitel findest du eine Auswahl meiner liebsten Gerichte, die die Vielfalt und den Reichtum dieser Region widerspiegeln. Beginnen wir mit Pimientos de Padrón, den kleinen grünen Paprikaschoten aus Spanien. Sie werden einfach in Olivenöl gebraten und mit Meersalz bestreut – ein Symbol für die Fähigkeit dieser Küche, aus wenigen Zutaten Großes zu schaffen. Oder die Tortilla de Patatas, ein spanischer Klassiker, bei dem Eier, Kartoffeln und Zwiebeln zu einem goldenen, saftigen Omelett verschmelzen. Dieses einfache, aber perfekte Gericht erzählt von der Liebe der Spanier zu Tapas und dem gemeinsamen Genuss am Tisch.

Auch Italien bringt mit Gerichten wie Bruschetta, geröstetes Brot, belegt mit bunten Tomaten und frischem Basilikum, die Magie der Einfachheit auf den Teller. Dazu passt ein Spargel-Panzanella, bei dem Ciabatta-Croûtons, Erdbeeren und Ziegenkäse die Hauptrolle spielen. Dieses Gericht zelebriert die Frische der italienischen Zutaten und die Kunst, sie in einer harmonischen Komposition zu vereinen.

DAS WESTLICHE MITTELMEER IST EIN SCHMELZTIEGEL.

Die Liebe zu Meeresfrüchten ist in allen drei Ländern spürbar. Mein Rezept für gegrillten Pulpo mit Kartoffelwürfeln und Chorizo-Butter bringt die Aromen der galicischen Küste auf den Tisch. Ebenso sind die Gambas al Ajillo, in Knoblauchöl gebratene Garnelen, ein Klassiker, der in seiner Schlichtheit unvergleichlich ist. Portugal, das Land des Bacalhau, zeigt seine Liebe zu eingelegten Fischen mit Gerichten wie den in Essig eingelegten Sardellen, die ich mit Gremolata und selbst gebackener Focaccia serviere.

Die Kombination von süßen und herzhaften Aromen, ein Erbe der arabischen Kultur, findet sich in vielen Gerichten. Gebackener Fenchel mit Zimt, Pistazien und Orangen oder gegrillter Halloumi mit Pfirsichen und Honig-Zitronenvinaigrette sind Beispiele dafür, wie diese Küchen Tradition und Kreativität verbinden. Ebenso wie der Wassermelonen-Salat mit Burrata, der die Leichtigkeit eines mediterranen Sommers einfängt.

Auch Fleischgerichte wie die Albondigas, spanische Hackfleischbällchen in Tomatensauce, oder die Kalbsleber mit Salbei und geschmorten Tomaten zeigen, wie tief verwurzelt die Liebe zu ehrlichen, handwerklich perfekten Gerichten ist.

Und natürlich darf das Brot nicht fehlen. Italien bringt mit Ciabatta und der ligurischen Focaccia die Essenz der mediterranen Backkunst auf den Tisch. Beide Brote sind Begleiter zu Olivenöl, Dips und Tapas – oder einfach ein Genuss für sich.

Die Weine dieser Länder spiegeln die Vielfalt ihrer Landschaften wider. Italien beeindruckt mit kräftigen Rotweinen wie Barolo oder Brunello di Montalcino und eleganten Weißweinen wie Pinot grigio oder den vulkanischen Weinen vom Ätna. Spanien, das Land des Sherrys und des Tempranillos, glänzt mit Rioja und den spritzigen Cava-Weinen Kataloniens. Portugal, bekannt für seinen Portwein, bietet mit Vinho verde und den dunklen Rotweinen aus dem Douro-Tal eine beeindruckende Bandbreite.

DIE KOMBINATION VON SÜSSEN UND HERZHAFTEN AROMEN, EIN ERBE DER ARABISCHEN KULTUR, FINDET SICH IN VIELEN GERICHTEN.

Die Küchen Italiens, Spaniens und Portugals sind nicht nur Rezepte – sie sind Geschichten. Geschichten von Macht und Handel, von Kulturen, die aufeinandertrafen, und von Menschen, die aus den Begegnungen etwas Neues schufen. Dieses Kapitel ist eine Hommage an diese Länder, ihre Vielfalt und die Aromen, die sie seit Jahrhunderten miteinander teilen und weitergeben.

Dieses sommerliche Gericht bringt die Vielfalt der italienischen Aromen auf leichte und elegante Weise auf die Teller. Die Süße der gebackenen Pfirsiche harmoniert wunderbar mit dem cremigen Büffelmozzarella, während der scharfe Rucola und ein Spritzer Balsamico dem Gericht eine erfrischende, mediterrane Note verleihen. Eine perfekte Vorspeise oder ein leichter Sommergenuss in der Mittagszeit.

GEBACKENE PFIRSICHE MIT RUCOLA, BASILIKUM UND BÜFFELMOZZARELLA

- 4 reife Pfirsiche
- 3 EL Olivenöl
- Salz
- Pfeffer
- 1 Handvoll frische Basilikumblätter
- 1 Handvoll Rucola
- 200 g Büffelmozzarella
- 1 EL gereifter Aceto balsamico
- 1 EL Zitronensaft

1 Den Backofen auf 180° vorheizen. Die Pfirsiche waschen, halbieren und die Kerne entfernen. Die Hälften mit den Schnittflächen nach oben auf ein Backblech legen, mit etwas Olivenöl beträufeln und mit 1 Prise Salz und Pfeffer würzen.

2 Die Pfirsiche im Backofen (Mitte) 15–20 Min. backen, bis sie weich und leicht karamellisiert sind.

3 Basilikum und Rucola waschen und trocken tupfen. Die Pfirsiche auf Teller verteilen. Mit Basilikum und Rucola garnieren und den Mozzarella darüberzupfen. Mit Essig, Zitronensaft und dem restlichen Olivenöl beträufeln. Die Pfirsiche mit Salz und Pfeffer würzen und servieren.

Ich kenne kaum jemanden, der Carpaccio nicht mag. Dieses Zucchini-Carpaccio ist eine frische, leichte und knackige Variante des Klassikers. Die Kombination aus zarten Zucchinischeiben und einer einfachen Vinaigrette mit Olivenöl, Zitronensaft, gerösteten Mandelblättchen und Dill verleiht dem Gericht einen erfrischenden, nussigen Geschmack – ideal für sommerliche Tage.

ZUCCHINI-CARPACCIO MIT BUNTEM PFEFFER UND VINAIGRETTE

- 2 gelbe oder grüne Zucchini
- 3 EL Mandelblättchen
- Saft von ½ Zitrone
- 3 EL Olivenöl
- 1 TL Honig (oder Agavendicksaft)
- Salz
- Salzflocken
- bunter Pfeffer
- 1 Handvoll frischer Dill

1 Die Zucchini waschen, putzen und auf einem Gemüsehobel oder mit einem scharfen Messer in hauchdünne Scheiben schneiden. Die Zucchini auf einem großen Teller leicht überlappend im Kreis auslegen.

2 Die Mandeln in einer trockenen Pfanne goldbraun rösten. Zitronensaft, Olivenöl, Honig und 1 Prise Salz zu einer Vinaigrette verrühren.

3 Die Zucchinischeiben mit der Vinaigrette beträufeln. Mit Salzflocken und grob gemahlenem bunten Pfeffer würzen. Die Mandelblättchen über die Zucchinischeiben streuen.

4 Das Zucchini-Carpaccio etwa 5 Min. ziehen lassen, damit sich die Aromen verbinden. Den Dill waschen, trocken schütteln und großzügig über das Carpaccio verteilen.

Würzen: Ihr könnt das Zucchini-Carpaccio immer wieder mal anders würzen. Statt des bunten Pfeffers eignen sich auch Langkornpfeffer, Piment, Chiliflocken, frische Chilischoten oder Fenchelsamen. Gehobelter Parmesan, Feta und Hasel- oder Walnüsse anstelle von Mandeln können dem Gericht zusätzliche Tiefe verleihen. Den Dill könnt ihr vielleicht mal durch Zwergbasilikum ersetzen. Seid kreativ und experimentierfreudig.

Pimientos de Padrón sind Klassiker der spanischen Tapas-Kultur. Ursprünglich aus der Region Galicien stammend, haben sich diese kleinen grünen Paprikaschoten in ganz Spanien einen Namen gemacht. Ihre Besonderheit: Die meisten Pimientos sind mild, doch ab und zu versteckt sich eine scharfe Überraschung unter ihnen, was sie zu einem spannenden Gericht macht.

PIMIENTOS DE PADRÓN

- 400 g Pimientos de Padrón
- 6 EL Olivenöl
- grobes Meersalz

1 Die Pimientos de Padrón waschen und trocken tupfen. In einer großen Pfanne das Olivenöl bei mittlerer bis hoher Hitze erhitzen.

2 Die Pimientos dazugeben und etwa 5–7 Min. braten, bis sie Blasen werfen und an einigen Stellen braun und leicht verkohlt sind. Dabei die Pimientos regelmäßig wenden, damit sie gleichmäßig garen.

3 Die Pimientos de Padrón aus der Pfanne nehmen und auf einen Teller legen. Großzügig mit Meersalz bestreuen und sofort servieren.

Ein perfektes Crossover für den Sommer: Dieser Salat vereint das Beste der spanischen und türkisch-griechischen Küche in einer erfrischenden Kombination. Während die Spanier gerne Honigmelone mit Serrano-Schinken servieren, kombiniert man in der Ägäis Melone mit Feta. Hier wird die Melone mit einem Hauch Ouzo oder Raki mariniert. Gerösteter Fenchel sorgt für feine Würze und Gurke bringt Frische.

HONIGMELONE MIT FETA, RAKI, JAMÓN UND FENCHELSAMEN

- ½ Honigmelone (ca. 400 g)
- 1 EL Ouzo oder Raki
- 1 TL Fenchelsamen
- 2 EL Olivenöl
- Saft von ½ Zitrone
- Salz
- Pfeffer
- 1 Salatgurke
- 100 g Feta
- 8 dünne Scheiben Jamón (z. B. Serrano-Schinken)

1 Die Honigmelone schälen und in mundgerechte Stücke schneiden. Die Melone in einer Schüssel mit dem Ouzo oder Raki mischen und etwa 5 Min. ziehen lassen, damit sich die Aromen entfalten.

2 Die Fenchelsamen in einer trockenen Pfanne bei mittlerer Hitze leicht rösten, bis sie duften. In einer kleinen Schüssel Olivenöl mit Zitronensaft verrühren, mit Salz und Pfeffer würzen.

3 Die Gurke waschen und längs fein hobeln. Gurke und Melone in einem tiefen Teller anrichten – besonders hübsch sieht es aus, wenn man die Gurkenstreifen zusammengerollt zwischen die Melonenstücke legt.

4 Den Feta darüberbröckeln und den zerzupften Schinken in der Mitte anrichten. Das Gericht mit dem Fenchel bestreuen und mit dem Zitronensaft-Dressing beträufeln.

Ein echter Tricolore-Genuss: Dieses Gericht spielt mit den Farben der italienischen Flagge und bietet dazu köstliche Aromen. Gegrillte Zucchini, knackige Pistazien, cremige Burrata, fruchtige Tomaten und leuchtend roter, herber Radicchio vereinen sich zu einem geschmacklichen und optischen Highlight. Das Beste aus der italienischen Antipasti-Tradition mit viel frischem Gemüse, feiner Cremigkeit und nussigem Biss – eine Ode an die mediterrane Küche.

GEGRILLTE ZUCCHINI MIT TOMATEN, RADICCHIO UND BURRATA

- 2 gelbe oder grüne Zucchini
- 3 EL Olivenöl
- Salz
- Pfeffer
- 150 g bunte Kirschtomaten
- 1 kleiner Radicchio
- 1 TL Aceto balsamico
- Saft von ½ Zitrone
- 1 TL Honig
- 1 Burrata (ca. 200 g)
- 40 g gehackte Pistazien

1 Die Zucchini waschen, putzen und längs mit einem Messer oder Küchenhobel in Scheiben schneiden. Die Scheiben mit 1 EL Olivenöl einreiben und mit Salz und Pfeffer würzen. Die Zucchini in einer Grillpfanne oder auf dem heißen Grill bei mittlerer Hitze auf jeder Seite 2–3 Min. grillen, bis sie leicht gebräunt sind.

2 Die Tomaten waschen und halbieren. Den Radicchio in einzelne Blätter teilen, waschen und trocken schütteln. In einer Schüssel das restliche Olivenöl (2 EL), Essig, Zitronensaft und Honig verrühren, mit Salz und Pfeffer würzen. Die Radicchioblätter in der Vinaigrette wenden.

3 Einen großen tiefen Teller mit den marinierten Radicchioblättern auslegen. Die Zucchinischeiben und die Tomaten darauf verteilen. Die Burrata in die Mitte setzen und leicht auseinanderziehen. Alles mit dem restlichen Dressing beträufeln und mit den Pistazien bestreuen.

Fenchel ist ein Allroundtalent: Ob roh als Carpaccio oder geschmort, er überzeugt immer. Hier wird er mit einer süßwürzigen Marinade aus Olivenöl, Zimt, Zucker und Orangensaft im Ofen sanft geschmort. Die Kombination aus Orangenfilets und Pistazien verleiht ihm fruchtige Frische und nussigen Biss. Ein aromatisches, leichtes Gericht, das die Vielseitigkeit und Würze des Fenchels perfekt in Szene setzt.

OFEN-FENCHEL MIT ZIMT, PISTAZIEN UND ORANGENFILETS

- 2 größere Knollen Fenchel
- 1 Bio-Orange
- 5 EL Olivenöl
- ½ EL Zimtpulver
- 1 EL Zucker
- Salz
- Saft von 1 Orange
- 40 g grob gehackte Pistazien
- 2 Orangen

1 Fenchel putzen, waschen und vierteln. Die Orange heiß waschen, trocken tupfen und von der Schale Zesten abziehen. In einer Schüssel 3 EL Olivenöl, Zimt, Zucker, Salz, Orangenzesten und Orangensaft zu einer Marinade verrühren. Die Fenchelviertel in der Marinade wenden und mindestens 30 Min. ziehen lassen.

2 Den Backofen auf 180° vorheizen. Die Fenchelviertel in eine ofenfeste Form legen und im Backofen (Mitte) 35–40 Min. schmoren, bis sie weich und leicht gebräunt sind.

3 Die Orangen in einem Messer so dick schälen, dass auch die weiße Haut mit entfernt wird. Mit einem scharfen Messer die Orangenfilets zwischen den Trennhäuten herausschneiden.

4 Fenchel und Orangenfilets auf Tellern anrichten und mit den Pistazien bestreuen. Mit dem übrigen Olivenöl (2 EL) beträufelt servieren.

Dieses Antipasti-Gericht bietet eine außergewöhnliche Verbindung von Aromen, leicht und gleichzeitig vollmundig: gegrillter, leicht süßlicher grüner Spargel, gepaart mit der fruchtigen Frische von Orangenfilets, dem Umami des Parmesans und dem nussigen Biss von Walnuss-Crumble. Eine frische Zitronenvinaigrette rundet das Ganze ab.

GEGRILLTER SPARGEL MIT WALNUSS-CRUMBLE UND ORANGENFILETS

Für den Spargel
- 500 g grüner Spargel
- 5 EL Olivenöl
- 1 TL Honig
- Salz
- Pfeffer
- 2 EL Zitronensaft

Für den Walnuss-Crumble
- 40 g Walnusskerne
- 1 TL Zucker

Außerdem
- 1 Handvoll Rucola
- 2 Orangen
- 50 g Parmesan

1 Für den Spargel die grünen Spargelstangen waschen und die holzigen Enden abschneiden. In einer weiten Schüssel 3 EL Olivenöl, Honig, Salz und Pfeffer verrühren. Den Spargel in der Marinade wenden und 10–15 Min. ziehen lassen.

2 Für den Walnuss-Crumble die Walnüsse grob hacken und in einer trockenen Pfanne bei mittlerer Hitze rösten. Den Zucker darüberstreuen und bei kleiner Hitze karamellisieren lassen. Die Walnüsse auf Backpapier abkühlen lassen. Anschließend zu feinem Crumble hacken.

3 Den Spargel in einer Grillpfanne oder auf einem Grill 3–5 Min. braten, bis er leicht gebräunt, aber noch knackig ist. Die Spargelstangen quer halbieren.

4 In einer kleinen Schüssel den Zitronensaft mit dem restlichen Olivenöl (2 EL) und 1 Prise Salz zu einer Vinaigrette verrühren. Den Rucola verlesen, waschen und trocken schütteln. Die Orangen mit einem Messer so dick schälen, dass auch die weiße Haut mit entfernt wird. Mit einem Messer die Orangenfilets zwischen den Trennhäuten herausschneiden.

5 Den Spargel auf einem großen Teller übereinander anrichten und mit der Vinaigrette beträufeln. Den Parmesan darüberhobeln, Rucola, Walnuss-Crumble und Orangenfilets gleichmäßig darüber verteilen.

Diese Garnelen sind die perfekte Mischung aus Land und Meer – ein »Surf and Turf« mit spanischem Kick. Die Kombination aus gegrillten Garnelen, knusprigen Chorizo-Chips und aromatischer Chorizo-Butter sorgt für ein intensives Geschmackserlebnis. Der gegrillte Römersalat bringt Frische und Balance – ein echter Tapas-Hit.

GEGRILLTE GARNELEN MIT CHORIZO-CHIPS UND CHORIZO-BUTTER

- 150 g dünn geschnittene Chorizo
- 100 g weiche Butter
- 2 Mini-Römersalate
- 4 EL Olivenöl
- 1 EL Zitronensaft
- Salz
- Pfeffer
- 2 Knoblauchzehen
- 1 frische rote Chilischote
- 12 Rotgarnelen (mit Schale und Kopf; entdarmt)
- 1 Bio-Zitrone

1 Den Backofen auf 160° vorheizen. Die Chorizo auf einem mit Backpapier belegten Backblech verteilen und im Ofen (Mitte) in 10–12 Min. knusprig backen.

2 Die Chorizo auf Küchenpapier abtropfen lassen. Das auf dem Backpapier angesammelte Fett in eine Schale geben und mit der Butter verrühren. Die Chorizo-Butter beiseitestellen.

3 Die Römersalate waschen, trocken schütteln und längs halbieren. In einer Schüssel 2 EL Olivenöl, Zitronensaft, Salz und Pfeffer verrühren und die Römersalate darin wenden.

4 Den Knoblauch schälen und fein würfeln. Die Chilischote waschen, halbieren, Trennhäute und Kerne entfernen, die Hälften in feine Würfel schneiden. In einer Schüssel das restliche Olivenöl (2 EL) mit Salz, Pfeffer, Knoblauch und Chili verrühren und die Garnelen darin wenden.

5 Die Garnelen in einer Grillpfanne oder auf dem Grill bei mittlerer Hitze 2–3 Min. pro Seite braten, bis sie leicht gebräunt sind.

6 Die Römersalate kurz vor dem Servieren mit den Schnittseiten nach unten in einer Grillpfanne oder auf dem Grill 1–2 Min. braten, bis sie leicht gebräunt sind. Die Zitrone heiß waschen und längs vierteln.

7 Die Römersalathälften auf Teller verteilen, einen Klecks Chorizo-Butter daraufgeben und die Garnelen an den Salat lehnen. Die Chorizo-Chips darüber zerbröseln. Jeweils ein Zitronenviertel dazulegen.

Der toskanische Klassiker Panzanella ist ein leckerer Brotsalat aus gerösteten Brotresten. Ich pimpe ihn mit zwei meiner frühsommerlichen Lieblingszutaten: Spargel und Erdbeeren. So wird daraus ein frischer, sommerlicher Salat, der das edle Aroma von Spargel mit der Süße der Erdbeeren, der Würze von Ziegenkäse und der Knusprigkeit der Croûtons vereint. Einfach lecker und ein Hingucker, der an die italienische Tricolore erinnert.

SPARGEL-PANZANELLA MIT ERDBEEREN UND ZIEGENKÄSE

Für den Spargel

- 250 g grüner Spargel
- 250 g weißer Spargel
- Zucker
- Salz
- 2 EL Olivenöl
- Pfeffer

Für die Croûtons

- 200 g Ciabatta vom Vortag
- 1 Knoblauchzehe
- 2 EL Olivenöl

Für die Erdbeer-Vinaigrette

- 150 g Erdbeeren
- 2 EL Weißweinessig (oder Zitronensaft)
- 3 EL Olivenöl
- Salz
- Pfeffer

Außerdem

- 150 g Erdbeeren
- 100 g Ziegenkäse
- Basilikumblätter (optional)

1 Für den Spargel den grünen Spargel waschen und die holzigen Enden abschneiden. Den weißen Spargel putzen und schälen. Den Spargel mit 1 Prise Zucker in kochendem Salzwasser 2–3 Min. blanchieren. Herausheben und ein paar Minuten in Eiswasser legen, um den Garprozess zu stoppen. Den Spargel abtropfen lassen. Den Backofen auf 180° vorheizen.

2 Den Spargel auf einem Backblech verteilen, mit Olivenöl beträufeln und mit Salz und Pfeffer bestreuen. Den Spargel im Backofen (Mitte) in 12–15 Min. bissfest garen.

3 Für die Croûtons das Ciabatta in Würfel schneiden. Knoblauch schälen, fein würfeln und mit dem Olivenöl mischen. Die Croûtons in dem Knoblauchöl wenden, auf einem mit Backpapier belegten Backblech verteilen und im Ofen (Mitte) in 8–10 Min. knusprig backen.

4 Für die Erdbeer-Vinaigrette die Erdbeeren putzen, waschen und mit dem Pürierstab fein mixen. Das Püree mit Essig, Olivenöl, Salz und Pfeffer zu einem Dressing verrühren.

5 Die Erdbeeren putzen, waschen und halbieren. Die Spargelstangen halbieren und in tiefen Tellern gitterförmig aufeinander anrichten. Die Croûtons und den zerzupften Ziegenkäse um den Spargel verteilen. Die Vinaigrette darüberträufeln und nach Belieben mit Basilikumblättern garnieren. Die Spargel-Panzanella sofort servieren.

Varianten: Ob Basilikum oder Minze, frische Kräuter verleihen diesem Sommerrezept einen zusätzlichen Frischekick. Für mehr geschmackliche Tiefe streut man Nüsse darüber. Und die Erdbeeren könnt ihr durch andere Beeren oder auch mal durch Mango- oder Ananasstücke ersetzen. Verwendet, was ihr mögt, seid nach Herzenslust kreativ.

Ich bin ein großer Fan von roter Spitzpaprika. Dieses Gemüse entfaltet im Ofen gebacken oder geröstet eine wunderbare Mischung aus Süße, Würzigkeit und Röstaromen. Hier wird das Ganze mit cremigem Ricotta abgerundet, während Haselnüsse und gebeiztes Eigelb zusätzliche Tiefe und Umami hinzufügen.

ROTE SPITZPAPRIKA MIT RICOTTA, HASELNÜSSEN UND GEBEIZTEM EIGELB

Für die gebeizten Eigelbe
- 500 g Salz
- 500 g Zucker
- 4 Eigelb (M)

Für die Paprika
- 8 rote Spitzpaprika
- 3 EL Olivenöl
- Salz
- Pfeffer

Für die Ricottacreme
- 250 g Ricotta
- Salz
- Pfeffer
- 2 EL Olivenöl

Außerdem
- 50 g Haselnusskerne
- 2 EL Olivenöl
- 4 Minzespitzen

1 Fünf Tage vorher für die gebeizten Eigelbe Salz und Zucker mischen. Zwei Drittel der Mischung in einen luftdicht verschließbaren Behälter geben. Vier Mulden formen, die Eigelbe hineingeben und mit der restlichen Salz-Zucker-Mischung bedecken. Den Behälter verschließen und die Eigelbe im Kühlschrank 5 Tage ruhen lassen.

2 Am Zubereitungstag die Eigelbe aus der Beize nehmen, abspülen und trocken tupfen. Die Eigelbe auf einem mit Backpapier belegten Backblech im 60° warmen Ofen 2 Std. trocknen lassen. Herausnehmen, auskühlen lassen und im Kühlschrank aufbewahren.

3 Für die Paprika den Backofen auf 200° vorheizen. Die Paprika waschen und auf einem mit Backpapier belegten Backblech im Ofen (Mitte) 20–25 Min. backen, bis die Haut Blasen wirft und leicht schwarz ist. Die Paprika in einer Schüssel mit Frischhaltefolie bedeckt abkühlen lassen, dann häuten und mit dem Olivenöl beträufeln.

4 Für die Ricottacreme den Ricotta mit Salz, Pfeffer und Olivenöl in einer Schüssel cremig verrühren.

5 Die Haselnüsse grob hacken und in einer trockenen Pfanne bei mittlerer Hitze goldbraun rösten. Die Spitzpaprika auf Teller verteilen. Die Ricottacreme daraufgeben und mit den Haselnüssen bestreuen.

6 Zwei gebeizte Eigelbe (die restlichen Eigelbe anderweitig verwenden, s. Tipp) und grob darüberreiben. Das Gericht mit dem Olivenöl beträufeln und mit den Minzespitzen garnieren.

Gebeizte Eigelbe: Sie bringen eine cremige, umamireiche Note in alle möglichen Gerichte. Reibt sie über Pasta, Salate oder auf Focaccia. In einem luftdicht verschlossenen Behälter sind gebeizte Eigelbe im Kühlschrank bis zu 4 Wochen haltbar.

Ich liebe Sardellen! Ob gebraten, gedämpft, frittiert, gegrillt oder in Maismehl paniert – sie gehören zu meinen absoluten Lieblingsfischen. Hier werden die würzigen Aromen der eingelegten Sardellen mit frischer Gremolata und knuspriger Focaccia kombiniert. Ein simples, aber raffiniertes Rezept, das die mediterrane Küche auf den Punkt bringt und Suchtpotenzial hat.

EINGELEGTE SARDELLEN MIT GREMOLATA UND FOCACCIA

Für die Sardellen

- 300 g große Sardellen
- ½ Bund Basilikum
- 1 Bio-Zitrone
- 300 ml Weißweinessig
- 50 ml Sherryessig
- 40 g Salz
- 2 Lorbeerblätter
- 100 g Eis
- ½ Bund Petersilie
- 6 Knoblauchzehen
- 300 ml Olivenöl

Für die Gremolata

- ½ Bund Petersilie
- 2 Knoblauchzehen
- 1 EL Kapern
- 4 EL Olivenöl
- Saft von ½ Zitrone
- 1 TL Chiliflocken (oder frische Chilischote)
- Pfeffer

Außerdem

- 200 g bunte Kirschtomaten
- Salz
- 1 EL Olivenöl
- 4 Scheiben Focaccia (gekauft oder selbst gemacht, s. S. 207)

1 Für die Sardellen zwei Tage vor der Zubereitung die Sardellen hinter dem Kopf einschneiden, sodass die Mittelgräte durchtrennt wird. Die Sardellen auf den Rücken legen und den Kopf nach unten ziehen, um die Innereien zu entfernen. Die Mittelgräten vorsichtig auslösen.

2 Das Basilikum waschen und trocken schütteln. Die Zitrone heiß waschen und etwas Schale fein abreiben. In einer Schüssel die beiden Essige, Salz und 200 ml sehr kaltes Wasser verrühren. Lorbeerblätter, Basilikum, Zitronenschale und das Eis unterrühren. Die Sardellen einlegen und im Kühlschrank 12 Std. ziehen lassen.

3 Am nächsten Tag die Sardellen aus der Beize nehmen und abtropfen lassen. Die Petersilie waschen und trocken schütteln. Den Knoblauch schälen und in Scheiben schneiden. In einen verschließbaren Behälter eine Schicht Sardellen legen, etwas Knoblauch und Petersilie daraufgeben. Erneut eine Schicht Sardellen, dann wieder Knoblauch und Petersilie daraufgeben. So weiter verfahren, bis alle Sardellen aufgebraucht sind. Alles mit Olivenöl bedecken, den Behälter verschließen und die Sardellen im Kühlschrank 24 Std. ziehen lassen.

4 Für die Gremolata die Petersilie waschen, trocken schütteln und die Blätter grob hacken. Den Knoblauch schälen und wie die Kapern grob hacken. In einer Schüssel Petersilie, Knoblauch, Kapern, Olivenöl, Zitronensaft, Chiliflocken und Pfeffer mischen.

5 Die Tomaten waschen, halbieren, mit Salz und Olivenöl mischen. Auf den Focaccia-Scheiben jeweils 1 EL Gremolata verteilen und diese mit 4–5 Sardellen belegen. Die Tomaten darauf verteilen.

Für den Vorrat: Sardellen in Olivenöl sind im Kühlschrank mehrere Wochen haltbar.

Vitello Tonnato ist eines meiner Lieblingsgerichte aus der italienischen Küche – eine perfekte Kombination aus »Surf und Turf«. Die Umami-Tiefe der Thunfischsauce harmoniert wunderbar mit dem zarten Kalbfleisch. Ursprünglich aus dem Piemont stammend, besticht dieses Gericht durch seine Raffinesse, ist überraschend leicht und sogar low carb. Perfekt zum Teilen und ein Muss für Genießer.

VITELLO TONNATO MIT PETERSILIENPESTO UND CROÛTONS

Für das Kalbfleisch
- ½ Möhre
- ½ Stange Sellerie
- ½ Zwiebel
- 400 g Kalbsfilet oder -rücken (küchenfertig)
- 1 Lorbeerblatt
- 1 Rosmarinzweig
- 1 TL Pfefferkörner
- Salz

Für die Thunfischsauce
- 2 Eier (M)
- 150 g Thunfisch (in Öl eingelegt)
- 2 Sardellenfilets
- 1 EL Kapern
- ½ EL Zitronensaft
- 150 ml Olivenöl
- Salz
- Pfeffer

Für die Croûtons
- 200 g Ciabatta vom Vortag
- 1 Knoblauchzehe
- 2 EL Olivenöl

Für das Pesto
- 15 g Pinienkerne
- ¼ Bund Petersilie
- ¼ Knoblauchzehe
- 15 g geriebener Parmesan
- 25 g Olivenöl
- Salz
- Pfeffer

Außerdem
- 8–10 Kapernäpfel

1 Für das Kalbfleisch Möhre und Sellerie putzen, waschen und in grobe Stücke schneiden. Die Zwiebel schälen und halbieren. Kalbfleisch, Möhre, Sellerie, Zwiebel, Lorbeerblatt, Rosmarin, Pfefferkörner und Salz in einem Topf mit Wasser bedecken und bei kleiner Hitze 45–60 Min. köcheln, bis das Fleisch zart ist. Herausnehmen und abkühlen lassen.

2 Für die Thunfischsauce die Eier mit Wasser bedeckt in etwa 10 Min. hart kochen und abkühlen lassen.

3 Für die Croûtons das Ciabatta in Würfel schneiden. Knoblauch schälen, fein würfeln und mit dem Olivenöl mischen. Die Croûtons in dem Knoblauchöl wenden, auf einem mit Backpapier belegten Backblech verteilen und im Ofen (Mitte) in 8–10 Min. knusprig backen.

4 Die Eier pellen. Eier, Thunfisch, Sardellen, Kapern, Zitronensaft und Olivenöl im Küchenmixer zu einer glatten Sauce pürieren. Mit Salz und Pfeffer abschmecken.

5 Für das Pesto die Pinienkerne in einer trockenen Pfanne goldbraun rösten. Die Petersilie waschen und trocken schütteln. Den Knoblauch schälen. Pinienkerne, Petersilie, Knoblauch, Parmesan und Olivenöl im Mixer zu einer glatten Paste pürieren. Mit Salz und Pfeffer würzen.

6 Das Kalbfleisch in dünne Scheiben schneiden. Je 1 EL Thunfischsauce mittig auf den Tellern verteilen. Die Fleischscheiben locker eingerollt auf die Sauce legen. Die Kapernäpfel längs halbieren und das Vitello Tonnato damit garnieren. Mit den Croûtons bestreuen und das Petersilienpesto darüberträufeln. Die Thunfischsauce mit einem Löffel oder einer Spritzflasche locker über dem Fleisch verteilen.

Tonnatosauce: Wenn du keine Zeit zum Eierkochen hast, kannst du statt der Eier und des Olivenöls auch eine gute fertige Mayonnaise verwenden.

Kalbfleisch: Perfekt rosa wird das Kalbfleisch im Sous-vide-Verfahren. Dafür alle Zutaten fest vakuumieren und das Fleisch bei 60° in etwa 3 Std. garen. Anschließend im Eiswasser abkühlen und kalt stellen. Das Fleisch mit dem Filetiermesser oder der Aufschnittmaschine dünn aufschneiden.

Nica
ROSTFREI
SOLINGEN

Pulpo a la Gallega, gekochter Tintenfisch, ist eines der bekanntesten Gerichte Galiciens. Traditionell wird Tintenfisch dort mit Olivenöl, Paprika und Meersalz serviert. Bei dieser modernen Kombination mit doppelt frittierten Kartoffelwürfeln und würziger Chorizo-Butter erhält das Gericht zusätzliche Tiefe und Textur. Geräuchertes Paprikapulver gibt dem Pulpo eine unverwechselbare, intensive Würze.

GEGRILLTER PULPO MIT KARTOFFELWÜRFELN UND CHORIZO-BUTTER

Für die Kartoffelwürfel
- 400 g festkochende Kartoffeln
- Salz
- 500 ml Öl zum Frittieren
- ½ TL geräuchertes Paprikapulver

Für die Chorizo-Butter
- 100 g Chorizo
- 1 Knoblauchzehe
- 150 g Butter
- 1 EL gehackte Petersilie (optional)

Für den Pulpo
- 4 gekochte Tintenfischarme (Pulpoarme)
- 2 EL Olivenöl
- Salz
- Pfeffer

Außerdem
- 1 Handvoll Petersilie

1 Für die Kartoffelwürfel die Kartoffeln schälen und in 1 x 1 cm große Würfel schneiden. In kochendem Salzwasser 3–4 Min. blanchieren. Abgießen, abtropfen lassen und auf einem Küchentuch trocknen.

2 Für die Chorizo-Butter die Chorizo in feine Würfel schneiden. Den Knoblauch schälen und ebenfalls fein würfeln. Die Chorizo in einer trockenen Pfanne bei mittlerer Hitze leicht braten, bis sie ihr Fett freisetzt. Die Butter und den Knoblauch dazugeben und unter Rühren die Butter schmelzen lassen. Nach Belieben die Petersilie untermischen.

3 Das Öl in einem Topf oder in der Fritteuse auf 170° erhitzen und die Kartoffeln darin in 3–4 Min. leicht goldbraun frittieren. Herausheben, auf Küchenpapier abtropfen und 10 Min. ruhen lassen. Die Kartoffeln kurz vor dem Anrichten bei 180° erneut frittieren, bis sie knusprig und goldbraun sind. Mit Salz und geräuchertem Paprikapulver würzen.

4 Für den Pulpo die Tintenfischarme mit Olivenöl einreiben und mit Salz und Pfeffer würzen. Dann in der Grillpfanne oder auf dem Grill bei mittlerer Hitze in etwa 2–3 Min. auf jeder Seite leicht knusprig braten.

5 Die Petersilie waschen und trocken tupfen. Von der leicht fest gewordenen Chorizo-Butter jeweils 1 TL abnehmen, die übrige Butter erhitzen. Die knusprigen Kartoffelwürfel auf die Teller verteilen und die Chorizo-Butter-Nocken daraufsetzen. Die Pulpoarme und die Petersilie darauflegen und die flüssige Chorizo-Butter großzügig über Pulpo, Kartoffeln und Petersilie träufeln.

Pulpo selbst kochen: Den frischen Tintenfisch (ca. 1,5 kg) in einem großen Topf Salzwasser mit 3 Lorbeerblättern, 1 angedrückten Knoblauchzehe, 1 TL Pfefferkörnern und 3 grob gehackten Selleriestängeln in 1–1 ½ Std. sanft garen. Das Wasser sollte nicht kochen, da er sonst zäh wird. Er ist gar, wenn man mit einem Messer mühelos hineinstechen kann. Den Tintenfisch herausnehmen und die Arme vom Kopf trennen. Den Kopf aufschneiden, abspülen und den harten Schnabel entfernen. Den Kopf in Streifen schneiden, braten oder zu einem Pulpo-Salat verarbeiten.

DAS MEER IST FÜR MICH PURE LEBENSFREUDE!

In Spanien, Italien und Portugal ist das Grillen von Meeresfrüchten eine Tradition, einfach, pur und voller Geschmack. Sommer, Glut und frische Zutaten – mehr braucht man nicht!

Wassermelone ist mein Sommer-Highlight! Ich bin mit frischen Wassermelonen aufgewachsen und habe tolle Erinnerungen an den fruchtigen, erfrischenden Genuss. Meine moderne Wassermelonen-Kreation hat einen italienischen Twist: Cremige Burrata, knackiger Fenchel und die frische Süße der Wassermelone sind ein perfekter Mix aus cremig, süß, säuerlich und würzig.

WASSERMELONEN-SALAT MIT BURRATA UND FENCHEL

- 4 EL Olivenöl
- 2 EL Zitronensaft
- 1 TL Honig
- Salz
- Pfeffer
- 1 Knolle Fenchel
- 1 Bio-Zitrone
- 500 g Wassermelone
- 2 Burrata-Kugeln (à ca. 100 g)
- Dillspitzen zum Garnieren (optional)

1 In einer kleinen Schüssel Olivenöl, Zitronensaft und Honig verrühren. Die Vinaigrette mit Salz und Pfeffer abschmecken.

2 Den Fenchel putzen, waschen, fein hobeln und in einer Schüssel mit der Vinaigrette mischen. Die Fenchelstreifen 10 Min. ziehen lassen. Die Zitrone heiß waschen und einige Zesten abziehen.

3 Die Wassermelone schälen, in Scheiben und diese in größere Stücke schneiden. Auf Teller verteilen, jeweils ½ Burrata-Kugel daraufgeben und leicht auseinanderzupfen. Den marinierten Fenchel daraufhäufen, mit Pfeffer bestreuen und mit den Zitronenzesten sowie nach Belieben mit Dillspitzen garnieren.

Innereien sind ein wesentlicher Bestandteil der mediterranen Küche. Ob Kutteln, Leber, Nieren oder Hirn – traditionell wurde alles vom Tier verwertet. Das ist nicht nur nachhaltig, sondern auch äußerst schmackhaft. Uns werden heute die vermeintlich besten Stücke zu hohen Preisen angeboten, doch für mich sind es die Innereien, die wahre Delikatessen sind. Kalbsleber ist eine davon. Mein Rezept hier hat einen italienischen Twist – nach venezianischer Art mit Salbei.

KALBSLEBER MIT SALBEI, GESCHMORTEN ZWIEBELN UND TOMATEN

- 4 weiße Zwiebeln
- 12 Kirschtomaten
- 4 Salbeispitzen
- 600 g Kalbsleber (küchenfertig)
- Zucker
- 100 ml Weißwein
- 2 EL Butterschmalz
- 2 EL Olivenöl
- Salz
- Pfeffer
- Sumach

1 Die Zwiebeln mit Schale in eine ofenfeste Form geben und im Backofen bei 185° in ca. 45 Min. weich schmoren. Herausnehmen, etwas abkühlen lassen und die Zwiebeln aus den Schalen drücken. Durch das Schmoren bleiben sie saftig und entwickeln eine natürliche Süße.

2 Die Tomaten waschen und mit Zwiebeln, Salbeispitzen und 1 Prise Zucker zur Kalbsleber in die Pfanne geben. Den Wein angießen, die Hitze reduzieren und die Flüssigkeit leicht einkochen lassen, bis die Tomaten etwas angeschmort sind.

3 Die Kalbsleber in dünne Scheiben schneiden. In einer großen Pfanne Butterschmalz und Olivenöl erhitzen. Die Kalbsleber darin bei mittlerer Hitze auf jeder Seite in 2–3 Min. leicht braun braten, dabei mit Salz und Pfeffer würzen.

4 Die Tomaten-Zwiebel-Mischung mit der Sauce auf Teller verteilen und die Kalbsleberscheiben mit dem Salbei darauf anrichten. Mit je 1 Prise Sumach bestreut servieren.

Leber vorbereiten: Falls der Metzger die Leber noch nicht küchenfertig vorbereitet hat, muss sie noch von den Häuten befreit werden. Dafür mit den Fingern vorsichtig unter die Haut fassen und diese behutsam abziehen. Für einen milderen Geschmack und um das Zusammenziehen beim Braten zu vermeiden, empfiehlt es sich, die Leber für mindestens 1 Std. oder sogar über Nacht in Milch einzulegen und kühl zu stellen. Wichtig ist zudem, dass man die Leber erst gegen Ende der Bratzeit salzt, damit sie schön zart bleibt.

Zum Baskenland habe ich eine besondere Verbindung, da ich dort bis zum Abitur zwei Jahre gelebt habe. Die Menschen, die großartige Esskultur und die faszinierende Natur haben mich geprägt. Pintxos, diese kleinen Kunstwerke auf Brot, sind die baskische Antwort auf Tapas und spiegeln diese Vielfalt wider. Mit weißem Thunfisch (Bonito del Norte) und den unschlagbaren gerösteten Paprika (Pimientos asados) kombinieren sie das Beste dieser Küche.

PINTXO MIT THUNFISCH, PAPRIKA-MAYO UND GEGRILLTEN PAPRIKA

Für die gegrillten Paprika
- 4 Spitzpaprika
- 3 EL Olivenöl
- Salz

Für die Paprika-Mayo
- 1 Ei (M)
- 4 kleine Salz- oder Essiggurken
- 3 EL Mayonnaise
- ½ TL geräuchertes Paprikapulver (z. B. Pimentón de la Vera)
- 1 Spritzer Zitronensaft
- Salz

Außerdem
- 1 Handvoll Friséesalatblätter
- 4 Scheiben Sauerteigbrot
- 1 EL Olivenöl
- 240 g weißer Thunfisch in Olivenöl (Premium-Qualität, z. B. Bonito del Norte)
- Pfeffer

1 Für die gegrillten Paprika den Backofen auf 200° vorheizen. Die Paprika waschen und auf einem mit Backpapier belegten Backblech im Ofen (Mitte) 20–25 Min. backen, bis die Haut Blasen wirft und leicht schwarz ist. Die Paprika in einer Schüssel mit Frischhaltefolie bedeckt abkühlen lassen. Die Haut abziehen, die Paprika in Streifen schneiden und mit dem Olivenöl beträufeln.

2 Für die Paprika-Mayo das Ei in etwa 10 Min. hart kochen. Abkühlen lassen, pellen und in kleine Würfel schneiden. Die Gurken abtropfen lassen und in kleine Würfel schneiden. Die Mayonnaise mit Paprikapulver, Zitronensaft, Gurken und Ei verrühren, mit 1 Prise Salz würzen.

3 Den Salat waschen und trocken schütteln. Die Brotscheiben leicht mit Olivenöl bestreichen und in einer Pfanne goldbraun rösten.

4 Die Brotscheiben großzügig mit Paprika-Mayonnaise bestreichen. Den Thunfisch in großen Stücken auf dem Brot verteilen. Die Paprikastreifen und Salatblätter als Topping daraufgeben. Mit Pfeffer bestreuen und die Pintxos sofort servieren.

Thunfisch: Ihr könnt auch einen anderen Thunfisch aus der Dose verwenden, aber denkt daran: je weniger Zutaten, desto wichtiger die Qualität. Bonito del Norte, ein besonders zarter Thunfisch aus dem Kantabrischen Meer, ist die erste Wahl.

Alternative: Falls ihr die Paprika nicht selbst rösten möchtet, könnt ihr bei einem spanischen Lebensmittelhändler eures Vertrauens eingelegte Pimientos del Piquillo finden – eine perfekte Alternative.

Meine Gastmutter in Spanien kochte oft Albondigas. Sie waren eines meiner Lieblingsgerichte. Würzig herzhafte Fleischbällchen, gebadet in einer aromatischen Tomatensauce – unglaublich lecker. Abgeleitet vom arabischen »al-bunduq« (kleine Bälle) sind Albondigas ein traditionelles spanisches Gericht mit maurischen Wurzeln. Ob als Vorspeise oder Hauptgericht, Albondigas sind ideal für das Familienessen mit Kindern oder gesellige Abende mit Freunden.

ALBONDIGAS MIT GEGRILLTEN PAPRIKA

Für die Fleischbällchen
- 1 kleine Zwiebel
- 2 Knoblauchzehen
- 6 EL Olivenöl
- 2 Stängel Petersilie
- 2 EL Kapern
- 5 Anchovis
- 500 g Rinderhackfleisch
- 1 Ei (M)
- 3 EL Semmelbrösel
- 1 TL edelsüßes Paprikapulver
- 1 TL gemahlener Kreuzkümmel
- Salz
- Pfeffer

Für die Tomatensauce
- 1 kleine Zwiebel
- 2 Knoblauchzehen
- 2 EL Olivenöl
- 1 TL edelsüßes Paprikapulver
- 1 Dose gehackte Tomaten (400 g)
- 1 Lorbeerblatt
- 1 TL Zucker
- Salz
- Pfeffer
- 100 ml Weißwein (optional)

Außerdem
- 1 Frühlingszwiebel
- 4 gegrillte rote Spitzpaprika (Pimientos del Piquillo; aus dem Glas oder selbst zubereitet, s. S. 180)

1 Für die Fleischbällchen Zwiebel und Knoblauch schälen und in feine Würfel schneiden. In einer Pfanne 2 EL Olivenöl erhitzen, Zwiebel und Knoblauch darin glasig dünsten. Die Petersilie waschen, trocken schütteln und die Blätter fein hacken. Kapern und Anchovis fein hacken.

2 In einer großen Schüssel Hackfleisch mit Zwiebel, Knoblauch, Petersilie, Kapern, Anchovis, Ei, Semmelbröseln, Paprikapulver, Kreuzkümmel, Salz und Pfeffer zu einer glatten Masse mischen.

3 Aus der Masse walnussgroße Bällchen formen. In einer großen Pfanne das restliche Olivenöl (4 EL) erhitzen und die Fleischbällchen darin rundherum goldbraun braten. Herausnehmen und die Pfanne für die Tomatensauce beiseitestellen.

4 Für die Tomatensauce Zwiebel und Knoblauch schälen und in feine Würfel schneiden. Das Olivenöl in der Pfanne erhitzen, Zwiebel und Knoblauch darin glasig dünsten. Das Paprikapulver hinzufügen und kurz mit anbraten, Tomaten und Lorbeerblatt hinzufügen. Mit Zucker, Salz und Pfeffer abschmecken. Nach Belieben den Wein dazugießen. Die Sauce bei mittlerer Hitze etwa 10 Min. köcheln lassen, bis sie leicht eingedickt ist.

5 Die Fleischbällchen in der Tomatensauce bei schwacher Hitze in 15–20 Min. garen. Gelegentlich umrühren, damit sie gleichmäßig garen.

6 Die Frühlingszwiebel putzen, waschen und den grünen Teil in feine Ringe schneiden. Die Paprika in Streifen schneiden. Die Fleischbällchen mit Sauce auf tiefe Teller verteilen, Paprika mittig darauf anrichten. Mit dem Frühlingszwiebelgrün garnieren. Die heißen Albondigas mit frischem Brot servieren.

Würzen: Ihr könnt die Fleischbällchen nach Lust und Laune würzen. Probiert für einen Extra-Geschmackskick mal geriebenen Parmesan, Tomatenmark, Sojasauce, Zimt oder Miso.

Frische Tomaten: Während der Tomatensaison nehme ich statt Dosentomaten frische Tomaten. Diese schmore ich mit Olivenöl, Kräutern, Salz und Zucker bei 165° im Backofen etwa 45 Min. Anschließend häuten.

Die italienische Küche zeigt sich mit diesem Salat von ihrer besten Seite: simpel und gleichzeitig perfekt. Der Salat kombiniert die herbe Note des Radicchios mit der Süße von Birnen, der Würzigkeit von cremigem Gorgonzola sowie knusprigen Walnüssen und Croûtons.

RADICCHIO MIT BIRNE, GORGONZOLA UND WALNÜSSEN

Für die Croûtons
- 200 g Ciabatta vom Vortag
- 1 Knoblauchzehe
- 2 EL Olivenöl

Für die Vinaigrette
- 4 EL Olivenöl
- 2 EL Zitronensaft
- 1 TL Honig
- Salz

Für den Salat
- 60 g Walnusskerne
- 1 Kopf Radicchio
- 2 reife feste Birnen
- 120 g Gorgonzola
- Pfeffer

1 Für die Croûtons den Backofen auf 180° vorheizen. Das Ciabatta in Würfel schneiden. Knoblauch schälen, fein würfeln und mit dem Olivenöl mischen. Die Croûtons in dem Knoblauchöl wenden, auf einem mit Backpapier belegten Backblech verteilen und im Ofen (Mitte) in 8–10 Min. knusprig backen.

2 Für die Vinaigrette in einer kleinen Schüssel Olivenöl, Zitronensaft, Honig und Salz kräftig verrühren.

3 Für den Salat die Walnüsse grob hacken, in einer trockenen Pfanne goldbraun rösten und abkühlen lassen. Die Radicchioblätter ablösen, waschen und trocken schütteln. Die Birnen waschen, vierteln, Kerngehäuse entfernen und die Viertel in Stifte schneiden. Die Birnenstifte mit der Vinaigrette mischen, damit sie nicht braun werden. Den Gorgonzola in Stücke schneiden.

4 Die Radicchioblätter auf Teller verteilen. Die Birnenstifte daraufgeben und mit den Gorgonzolastücken belegen. Walnüsse und Croûtons über den Salat streuen und Pfeffer darübermahlen. Den Salat mit der übrigen Vinaigrette beträufeln.

Die spanische Küche ist bekannt für ihre Einfachheit, die Qualität der Produkte und die Präzision der Zubereitung. Ein Klassiker sind diese Gambas al Ajillo, ein Gericht, das mit wenigen Zutaten den vollen Geschmack des Meers einfängt. Ich habe es ein wenig abgewandelt und das Beste aus Garnelen, Knoblauch und Paprika vereint.

GEBRATENE GARNELEN MIT KNOBLAUCH

- 600 g kleine rohe Gambas in der Schale (ohne Kopf; entdarmt)
- 2 grüne Spitzpaprika
- 6 Knoblauchzehen
- 2 EL Olivenöl
- ½ TL geräuchertes Paprikapulver
- Salz
- Pfeffer
- 2 EL Brandy
- 100 ml Weißwein
- 1 EL Butter
- 1 Bio-Zitrone

1 Die Gambas mit Kopf und Schale abspülen und trocken tupfen. Die Spitzpaprika waschen, Stielansätze, weiße Trennhäute und Kerne entfernen. Die Paprika in Ringe schneiden. Den Knoblauch schälen und in feine Scheiben schneiden. In einer großen Pfanne das Olivenöl bei mittlerer Hitze erhitzen. Knoblauch und Spitzpaprika darin leicht anbraten, bis der Knoblauch goldbraun ist. Die Gambas dazugeben und bei mittlerer Hitze auf jeder Seite 2–3 Min. braten, bis sie rosa und leicht gebräunt sind. Mit Paprikapulver, Salz und Pfeffer würzen.

2 Den Brandy in die Pfanne geben und kurz einkochen lassen. Den Wein angießen und ebenfalls kurz einkochen lassen. Die Butter unterrühren, bis die Sauce glänzt.

3 Die Zitrone heiß waschen und in Spalten schneiden. Die Gambas al Ajillo mit Spitzpaprika, Knoblauch und Sauce auf Teller verteilen und die Zitronenspalten dazulegen. Dazu passt frisches oder geröstetes Brot.

Gegarte Garnelen: Falls es schnell gehen soll, könnt ihr beim Fischhändler auch gegarte Garnelen kaufen. Wichtig ist, dass die Qualität stimmt.

Variationen: Bei der Sauce dürft ihr kreativ sein: Mit Ingwer, Chili und Koriander lässt sich eine asiatische Crossover-Variante zaubern.

Dieser deftige Riesenbohnensalat ist eine Hommage an die reichhaltige und bodenständige Küche Siziliens. Mit cremigen Bohnen und würzigem Bonito del Norte (weißer Thunfisch) vereint er herzhafte Zutaten, die sättigen und für die frischen Aromen des Mittelmeers stehen. Eine spritzige Zitronenvinaigrette sorgt für Balance, Zwiebeln und Petersilie für einen aromatischen Kick.

RIESENBOHNENSALAT MIT THUNFISCH UND ZITRONENVINAIGRETTE

- 400 g weiße Riesenbohnen (aus der Dose)
- 1 weiße Zwiebel
- ½ Bund Petersilie
- 1 Bio-Zitrone
- 4 EL Olivenöl
- Zucker
- Salz
- Pfeffer
- 150 g weißer Thunfisch (z. B. Bonito del Norte; in Öl eingelegt)

1 Die Bohnen aus der Dose in einem Sieb abtropfen lassen. Die Zwiebel schälen, halbieren und in Streifen schneiden. Die Petersilie waschen, trocken schütteln, die Blätter abzupfen und grob hacken. Die Zitrone heiß waschen und die Schale in feinen Zesten abziehen.

2 Für die Vinaigrette den Saft der Zitrone auspressen. 3 EL Zitronensaft, Olivenöl, 1 Prise Zucker, Salz und Pfeffer verquirlen.

3 Die Bohnen mit Zwiebel, Petersilie und Zitronenzesten in einer große Schüssel mischen. Den Thunfisch unterheben. Die Vinaigrette darübergeben und alles gut mischen. Den Salat etwa 10 Min. ziehen lassen, damit sich die Aromen gut verbinden.

Bohnen kochen: Statt Bohnen aus der Dose könnt ihr getrocknete Bohnen auch selbst kochen. Dafür 200 g trockene weiße Bohnen über Nacht in kaltem Wasser einweichen. Am nächsten Tag abgießen und mehrmals mit kaltem Wasser abspülen. Die Bohnen in reichlich Wasser mit 1 Prise Salz in einem Topf kochen, bis sie innen weich sind, außen aber noch leichten Biss haben. Abgießen und auskühlen lassen.

Diese Wassermelonen-Gazpacho vereint die Frische der Wassermelone mit der süßen Note der Honigmelone und der leichten Säure der Tomaten. Ein wunderbar erfrischendes Gericht, wie geschaffen für heiße Sommertage. Leicht, fruchtig und aromatisch – ideal als Vorspeise oder leichtes Mittagsmahl.

WASSERMELONEN-GAZPACHO

Für die Gazpacho

- 400 g Wassermelone
- 200 g Honigmelone
- 200 g Tomaten
- 1 kleine Salatgurke
- 1 rote Paprika
- 1 rote Zwiebel
- 2 Knoblauchzehen
- 3 EL Olivenöl
- 2 EL Sherryessig oder Rotweinessig
- 2 TL Salz
- Pfeffer

Außerdem

- ½ Honigmelone
- 1 Frühlingszwiebel
- 2 EL Olivenöl
- Pfeffer

1 Für die Gazpacho die Melonen schälen und in grobe Stücke schneiden. Die Tomaten waschen, vierteln und die Stielansätze entfernen. Die Gurke schälen und in grobe Stücke schneiden. Die Paprika waschen, halbieren, weiße Trennhäute und Kerne entfernen, die Hälften in grobe Stücke schneiden. Zwiebel und Knoblauch schälen und grob zerschneiden.

2 Melonen, Tomaten, Gurke, Paprika, Zwiebel und Knoblauch in den Küchenmixer geben. Olivenöl, Essig, Salz und Pfeffer hinzufügen. Alles cremig pürieren. Die Gazpacho im Kühlschrank mindestens 1 Std. durchkühlen lassen.

3 Aus der Melonenhälfte mit einem Kugelausstecher kleine Kugeln formen und kühl stellen. Die Frühlingszwiebel putzen, waschen und das Grün in feine Ringe schneiden.

4 Die Gazpacho in Schalen verteilen. Die Melonenkugeln hineinlegen und mit Frühlingszwiebelringen garnieren. Die Suppe mit dem Olivenöl beträufeln und mit Pfeffer bestreuen.

Dieser rustikale Tapas-Klassiker steckt voller Umami: Die Kombination aus zweifach frittierten, knusprigen Kartoffelwürfeln, cremiger Aioli, tomatenfruchtiger Salsa Brava und würzigen Serrano-Schinken-Chips ist ein wahres Gedicht.

PATATAS BRAVAS MIT SALSA BRAVA, AIOLI UND SERRANO-CHIPS

Für die Kartoffeln

- 800 g festkochende Kartoffeln
- Salz
- 500 ml Öl zum Frittieren

Für die Tomatensauce

- 2 Knoblauchzehen
- 250 g Tomaten (oder gehackte Tomaten aus der Dose)
- 2 EL Olivenöl
- 200 ml Gemüse- oder Hühnerbrühe
- 1 TL geräuchertes Paprikapulver
- 1 TL Zucker
- 1 EL Sherryessig
- Salz
- Pfeffer

Für die Aioli

- 2 Knoblauchzehen
- 2 Eigelb (M)
- 1 EL Zitronensaft
- 200 ml mildes Olivenöl
- Salz

Für die Serrano-Chips

- 100 g dünne Scheiben Serrano-Schinken

Außerdem

- 2 EL Schnittlauchröllchen (optional)

1 Für die Kartoffeln die Kartoffeln schälen, waschen und in 1 x 1 cm große Würfel schneiden. Die Würfel in kochendem Salzwasser 3–4 Min. blanchieren. Abgießen und auf einem Küchentuch trocknen lassen.

2 Das Öl in einem Topf oder der Fritteuse auf 170° erhitzen und die Kartoffeln darin in 3–4 Min. leicht goldbraun frittieren. Mit dem Schaumlöffel herausheben, auf Küchenpapier abtropfen und 10 Min. ruhen lassen.

3 Das Öl auf 180° erhitzen und die Kartoffeln darin erneut frittieren, bis sie knusprig sind. Herausheben und mit Salz würzen.

4 Für die Tomatensauce den Knoblauch schälen und fein würfeln. Die Tomaten waschen und hacken, dabei die Stielansätze entfernen. Das Olivenöl in einem Topf erhitzen und den Knoblauch darin leicht anbraten. Tomaten und Brühe hinzufügen und bei mittlerer Hitze etwa 10 Min. köcheln lassen, bis die Sauce etwas eingedickt sind.

5 Paprikapulver, Zucker, Essig, Salz und Pfeffer unterrühren. Die Tomatensauce weitere 5 Min. köcheln lassen. Die Sauce mit dem Pürierstab glatt pürieren und beiseitestellen.

6 Für die Aioli den Knoblauch schälen und in sehr feine Würfel schneiden. Eigelbe und Zitronensaft in einer Schüssel mit dem Schneebesen oder den Quirlen des Handrührgeräts verrühren. Das Olivenöl langsam in einem dünnen Strahl einfließen lassen, dabei ständig weiterrühren, bis eine cremige Emulsion entsteht. Knoblauch und Salz unterrühren. Für eine flüssigere Konsistenz einen Schuss Wasser untermischen.

7 Für die Serrano-Chips den Schinken auf einem mit Backpapier belegten Backblech auslegen und bei 180° Umluft im Ofen (Mitte) in etwa 10 Min. knusprig backen. Herausnehmen und abkühlen lassen, anschließend in Stücke brechen.

8 Die Alioli auf den Tellern leicht verstreichen. Die knusprigen Kartoffelwürfel darauf verteilen. Auf jeden Kartoffelwürfel einen Klecks Salsa Brava geben und mit einem Serrano-Chip garnieren. Das Gericht nach Belieben mit Schnittlauchröllchen bestreuen.

Chorizo a la Sidra gehört zu meinen absoluten Lieblingstapas. Ein klassisches Gericht aus Nordspanien, insbesondere aus Asturien, wo der herbe Apfelwein (Sidra) mit seinem ordentlichen Trinkfluss eine zentrale Rolle spielt. Rustikal, herzhaft und voller Charakter: Die Kombination aus würziger Chorizo und der leichten Säure des Apfelweins bringt den Geschmack Nordspaniens auf die Teller.

CHORIZO A LA SIDRA

- 400 g feste grobe Chorizo
- 1 EL Olivenöl
- 300 ml Sidra (span. Apfelwein; oder anderer trockener Apfelwein)
- 2 Lorbeerblätter
- 3 Pimentkörner
- Salz
- Pfeffer

1 Die Chorizo mit Haut in etwa 3 cm dicke Scheiben schneiden. In einer Pfanne das Olivenöl bei mittlerer Hitze erhitzen. Die Chorizostücke darin rundherum anbraten, bis sie leicht gebräunt sind und Fett austritt – das dauert etwa 5 Min.

2 Apfelwein, Lorbeerblätter und Pimentkörner zur Chorizo in die Pfanne geben. Mit Salz und Pfeffer würzen. Alles bei mittlerer Hitze 10–15 Min. köcheln lassen, bis der Apfelwein etwas reduziert ist.

3 Die Chorizo in Schalen verteilen und die Apfelweinsauce darüber verteilen. Nach Belieben knuspriges Weißbrot dazu servieren, um die herzhafte Sauce aufzutunken.

Artischockenherzen sind ein fester Bestandteil der italienischen Antipasti-Küche und begeistern mit zarter Textur und feinen Aromen. Ob gegrillt, mariniert oder – wie in diesem Rezept – paniert und knusprig frittiert, sie bringen sofort mediterranes Flair auf den Tisch. Kombiniert mit einem frischen Zitronen-Dip und gerösteten Mandelblättchen sind sie eine perfekte Vorspeise mit der köstlichen Balance von knusprig, cremig und nussig.

PANIERTE MINI-ARTISCHOCKENHERZEN MIT JOGHURTDIP

Für die Artischocken

- 12 Mini-Artischockenherzen (aus der Dose)
- 2 Eier
- Salz
- Pfeffer
- 100 g Mehl
- 100 g Semmelbrösel
- 500 ml Öl zum Frittieren

Für den Dip

- 1 Bio-Zitrone
- 100 g Crème fraîche
- 100 g griechischer Joghurt
- 1 EL Olivenöl
- Salz
- Pfeffer

Außerdem

- 50 g Mandelblättchen

1 Für die Artischocken die Artischockenherzen in einem Sieb abtropfen lassen. Die Eier in einer kleinen Schüssel verquirlen, kräftig mit Salz und Pfeffer würzen. Das Mehl in einer Schale verteilen, die Semmelbrösel in eine weitere Schale geben.

2 Die Artischockenherzen zuerst im Mehl wälzen, dann durch das verquirlte Ei ziehen und anschließend in den Semmelbröseln wenden, sodass sie rundherum mit Panade bedeckt sind.

3 Das Öl in einer Pfanne auf 170° erhitzen. Die Artischockenherzen darin portionsweise goldbraun frittieren. Herausheben und auf Küchenpapier abtropfen lassen.

4 Für den Dip die Zitrone heiß waschen und Zesten abziehen. Den Saft der Zitrone auspressen.

5 In einer Schüssel die Crème fraîche mit dem Joghurt verrühren. Zitronensaft, Zitronenzesten und das Olivenöl untermischen, mit Salz und Pfeffer abschmecken.

6 Die Mandelblättchen in einer trockenen Pfanne bei mittlerer Hitze leicht goldbraun rösten.

7 Den Dip großzügig auf Teller verstreichen, je drei Artischockenherzen darauf anrichten und mit den Mandelblättchen bestreuen.

Die Aromen des Meers treffen auf die Frische des Sommers: Zarte Baby-Kalamari, süße Kirschtomaten und knackige grüne Spitzpaprika werden mit frischer Zitronenschale und Petersilie vereint. Ein leichtes, aromatisches Gericht mit wenigen Zutaten, schnell zubereitet und nicht nur deshalb ideal für heiße Sommertage.

BABY-KALAMARI MIT TOMATEN, SPITZPAPRIKA UND ZITRONE

- 500 g Baby-Kalamari (küchenfertig)
- 1 grüne Spitzpaprika
- 200 g Kirschtomaten
- 2 Knoblauchzehen
- 1 Bio-Zitrone
- 3 EL Olivenöl
- 1 Stängel Petersilie
- 1 Schuss Weißwein
- Salz
- Pfeffer

1 Die Baby-Kalamari abspülen und trocken tupfen. Die Paprika waschen, halbieren, weiße Trennhäute und Kerne entfernen, die Hälften in Streifen schneiden. Die Tomaten waschen und halbieren. Den Knoblauch schälen und fein würfeln. Die Zitrone heiß waschen und die Schale abreiben. Die Zitrone halbieren und den Saft einer Hälfte auspressen.

2 In einer großen Pfanne das Olivenöl bei mittlerer Hitze erhitzen. Knoblauch und Spitzpaprika darin leicht anbraten, bis der Knoblauch duftet, aber noch nicht zu braun wird.

3 Die Baby-Kalamari in die Pfanne geben und bei starker Hitze 2–3 Min. mitbraten, bis sie leicht gebräunt sind. Sie sollten nicht zu lange braten, da sie sonst zäh werden.

4 Die Kirschtomaten 2–3 Min. mitbraten, bis sie etwas weicher sind, aber noch ihre Form behalten. Die Petersilie waschen, trocken tupfen, die Blätter abzupfen und fein schneiden.

5 Den Wein, die Zitronenschale und 1 Spritzer Zitronensaft zu den Kalamari und Tomaten geben. Mit Salz und Pfeffer würzen, alles vermischen und kurz köcheln lassen.

6 Die Baby-Kalamari samt Sauce und Gemüse auf Teller verteilen und mit der Petersilie bestreuen.

Tortilla de Patata ist die ultimative Antwort auf das deutsche Bauernfrühstück und gehört zu meinen Top 3 der spanischen Küche. Sie ist eine Königsdisziplin, besonders wenn es um die Frage »Mit oder ohne Zwiebeln?« geht. Traditionell wird sie ohne Zwiebeln zubereitet, aber ich gehöre zur Zwiebelfraktion. In meiner Bilbao-Zeit habe ich mich fast täglich von dieser sättigenden Köstlichkeit ernährt. Mit gerösteten Spitzpaprika und Frühlingszwiebeln wird dieses saftige spanische Kartoffelomelett zum Hochgenuss.

KARTOFFEL-TORTILLA MIT SPITZPAPRIKA UND FRÜHLINGSZWIEBELN

- 800 g festkochende Kartoffeln
- 1 große Zwiebel
- 2 Frühlingszwiebeln
- 200 ml Olivenöl
- Salz
- Pfeffer
- 6 Eier (M)
- 2 gegrillte rote Spitzpaprika (Pimientos del Piquillo; aus dem Glas oder selbst zubereitet, s. S. 180)

1 Die Kartoffeln schälen, waschen und in dünne Scheiben schneiden. Die Zwiebel schälen und in feine Würfel schneiden. Die Frühlingszwiebeln putzen, waschen und in feine Ringe schneiden.

2 In einer großen Pfanne das Olivenöl erhitzen. Die Kartoffelscheiben und die Zwiebel darin bei mittlerer Hitze braten, bis die Kartoffeln weich und goldgelb sind (das dauert etwa 20 Min.), dabei gelegentlich umrühren. Mit Salz und Pfeffer würzen.

3 Kartoffeln und Zwiebel herausnehmen und auf Küchenpapier abtropfen lassen. Das Öl bis auf einen kleinen Rest zum Braten der Tortilla aus der Pfanne gießen.

4 Die Eier in einer großen Schüssel verquirlen und leicht salzen. Kartoffeln und Zwiebel unter die Eier mischen. Die Pfanne mit dem restlichen Olivenöl erhitzen und die Eier-Kartoffel-Mischung hineingießen. Die Tortilla bei mittlerer Hitze etwa 10 Min. braten, bis sie am Boden fest und goldbraun, in der Mitte aber noch leicht saftig ist.

5 Die Tortilla auf einen Deckel oder großen Teller gleiten lassen, in die Pfanne stürzen und auf der anderen Seite in 5–7 Min. ebenfalls goldbraun braten. Die fertige Tortilla 10–15 Min. ruhen lassen, damit sie sich setzt und die Aromen sich entfalten können.

6 Die Spitzpaprika auf der Tortilla verteilen. Mit den Frühlingszwiebeln garniert servieren.

Toppings: Die Tortilla de Patata schmeckt pur hervorragend, aber auch mit zahllosen Toppings. Geröstete Spitzpaprika sind ein Klassiker, aber es gibt auch viele andere beliebte Varianten: Mayonnaise, Thunfisch, Chorizo, luftgetrockneter Schinken, Kochschinken, Spinat oder sogar Käse. Ihr könnt die Tortilla auch in Stücke schneiden und wie ein Pintxo auf einer kleinen Scheibe Brot servieren. Dickere Tortillas kann man nach dem Abkühlen horizontal halbieren und jede Hälfte nach Belieben belegen.

Fast jeder wurde schon einmal von einer Bruschetta im Restaurant enttäuscht: Das Weißbrot war trocken, die Tomaten wässrig. Dabei kann dieses einfache kleine Gericht ein Hochgenuss sein. Viel braucht es nicht dafür, einzig und allein die Qualität der Produkte ist wichtig. Mit gutem Olivenöl, reifen Tomaten und aromatischem Basilikum wird Bruschetta zu einem kulinarischen Highlight.

BRUSCHETTA MIT BUNTEN TOMATEN UND ZWERGBASILIKUM

- 1 Ciabatta
- 3 EL Olivenöl (plus etwas mehr zum Anrichten)
- 300 g bunte Tomaten
- 1 rote Zwiebel
- Salz
- Pfeffer
- 2 Stängel Zwergbasilikum

1 Das Ciabatta in dicke Scheiben schneiden, mit 2 EL Olivenöl bestreichen und in einer Pfanne oder im vorgeheizten Backofen bei 180° knusprig rösten.

2 Die Tomaten waschen, in Stücke schneiden und dabei die Stielansätze entfernen. Die Zwiebel schälen, vierteln und in Scheiben schneiden. Tomaten und Zwiebel in einer Schüssel mit dem restlichen Olivenöl (1 EL), Salz und Pfeffer mischen. Das Basilikum waschen, trocken schütteln und die Blätter abzupfen.

3 Die Ciabattascheiben auf Teller legen und die Tomaten-Zwiebel-Mischung darauf verteilen. Mit dem Basilikum bestreuen und nach Belieben mit weiterem Olivenöl beträufeln.

Aromakick: Falls die Tomaten nicht besonders aromatisch sind, kann man sie, bevor sie mit der Zwiebel vermischt werden, mit 1 Prise Salz, etwas Zucker und ein paar Basilikumblättern marinieren. Dadurch schmecken sie intensiver.

Ciabatta ist ein Klassiker der italienischen Backkunst. Es zeichnet sich durch seine knusprige Kruste und die luftige Krume aus. Dieses Rezept verwendet einen Vorteig, der zwei Tage vorher angesetzt wird, um dem Brot viel Geschmack zu verleihen. Das Ergebnis ist ein duftendes, aromatisches Brot, das einfach immer passt.

CIABATTA

Für den Vorteig
- 100 g Mehl
- 100 ml lauwarmes Wasser
- 1 g Trockenhefe

Für den Hauptteig
- 400 g Mehl (Type 00)
- 290 ml lauwarmes Wasser
- 7 g Trockenhefe
- 10 g Salz

Außerdem
- Öl für die Schüssel
- Mehl zum Arbeiten
- Backstein (optional)
- ofenfeste Form

1 Zwei Tage vorher für den Vorteig das Mehl, Wasser und Hefe in einer Schüssel glatt verrühren. Den Vorteig mit Frischhaltefolie bedeckt bei Raumtemperatur 12–24 Std. gehen lassen.

2 Am nächsten Tag für den Hauptteig Mehl und 250 ml Wasser in der Küchenmaschine auf niedriger Stufe zu einem glatten Teig mischen. Mit einem Tuch abdecken und 30 Min. ruhen lassen.

3 Vorteig, Hefe, Salz und das restliche Wasser (40 ml) zum Hauptteig geben. Alles auf niedriger Stufe 3 Min. kneten, dann die Geschwindigkeit erhöhen und weitere 5 Min. kneten, bis der Teig glatt und elastisch ist.

4 Den Teig in eine geölte Schüssel geben und mit einem Deckel oder Frischhaltefolie bedeckt 3 Std. ruhen lassen, dabei alle 30 Min. dehnen und falten, um seine Struktur zu stärken. Dafür den Teig auf einer Seite in die Höhe ziehen und über den restlichen Teig legen. Dieses Vorgehen an allen vier Seiten wiederholen. Den Teig abgedeckt im Kühlschrank über Nacht reifen lassen.

5 Am Backtag den Teig auf die bemehlte Arbeitsfläche stürzen, halbieren und jeweils zu länglichen Laiben formen. Die Teige auf ein mit Backpapier belegtes Blech geben und abgedeckt 1 Std. ruhen lassen.

6 Den Backofen mit einem Backblech oder Backstein (Mitte) auf 250° vorheizen. Eine ofenfeste Form auf den Boden des Ofens stellen. Die Teige mit Backpapier auf das heiße Blech oder den Backstein schieben und heißes Wasser in die Form gießen. Die Ciabatta in 12 Min. backen, die Temperatur auf 220° reduzieren und in weiteren 10–12 Min. goldbraun backen. Die Ciabatta auf einem Gitter auskühlen lassen.

Gusseisenbräter: Optional können die Ciabatta auch in einem gusseisernen Bräter gebacken werden. Dafür den Bräter mit vorheizen. Den Teig in den Bräter geben und die Ciabatta mit Deckel 12 Min. backen. Dann den Deckel entfernen und das Brot fertig backen.

Turbo-Ciabatta: Man kann den fertig gekneteten Teig auch noch am selben Tag backen. Dafür den Teig in der Schüssel bei Raumtemperatur etwa 1 ½ Std. ruhen lassen, bis er sein Volumen verdoppelt hat. Formen, 1 Std. ruhen lassen und wie beschrieben backen.

Focaccia ist mehr als nur Brot – es ist ein Stück mediterrane Kultur. Als ich mehrere Jahre eine Focacceria in Hamburg betrieb, entwickelte ich eine enge Verbindung zu diesem italienischen Klassiker. Aus Hefe, Weizenmehl, Salz, Wasser und Olivenöl entsteht ein Gebäck, das saftig und gleichzeitig knusprig ist. Ich mag meine Focaccia klassisch – dick genug zum Belegen, aber nicht so hoch wie ein Backstein.

LIGURISCHE FOCACCIA

Für den Vorteig
- 60 g Mehl
- 60 g lauwarmes Wasser
- 1 g frische Hefe

Für den Hauptteig
- 500 g Mehl (Type 00)
- 350 ml lauwarmes Wasser
- 13 g Malzsirup (ersatzweise Honig oder Ahornsirup)
- 9 g frische Hefe
- 40 g Olivenöl
- 6 g Salz

Außerdem
- Olivenöl zum Arbeiten
- Fleur de Sel
- getrocknete ital. Kräuter

1 Für den Vorteig alle Zutaten mischen und mit Frischhaltefolie bedeckt im Kühlschrank 24 Std. gehen lassen.

2 Für den Hauptteig den Vorteig mit allen Zutaten außer Salz in der Küchenmaschine 7 Min. langsam kneten. Das Salz dazugeben und den Teig weitere 5 Min. schneller kneten. Den Teig an einem warmen Ort (ideal sind 26°) zugedeckt gehen lassen, bis sich das Volumen verdoppelt hat.

3 Ein Backblech mit Backpapier belegen und mit Olivenöl einstreichen. Die Hände mit Olivenöl benetzen, den Teig zu einer Kugel formen und auf das Blech geben. Den Teig etwa 30 Min. gehen lassen.

4 Die Hände erneut mit Olivenöl benetzten und den Teig durch sanftes Drücken zu einem ovalen Fladen formen. Die Oberfläche großzügig mit Olivenöl bestreichen und mit den Fingerspitzen Vertiefungen in den Teig drücken. Mit den Fingern etwa 3 EL Wasser auf die Oberfläche sprenkeln. Den Teig mit Fleur de Sel und Kräutern bestreuen und etwa 30 Min. ruhen lassen.

5 Den Backofen auf 230° vorheizen und die Focaccia im Ofen (Mitte) in 18 Min. knusprig backen.

Focaccia mit Belag: Focaccia kann vielseitig belegt werden, zum Beispiel mit halbierten Kirschtomaten oder mit weißen Zwiebelringen, die vorher mit 1 Prise Zucker, Salz und Olivenöl marniert werden. Auch Artischockenherzen und gegrilltes Gemüse sind lecker auf der Focaccia. Seid kreativ und probiert immer wieder mal etwas anderes aus. Der Belag kommt erst auf den Teig, nachdem man die Vertiefungen eingedrückt hat. Die Focaccia dann weitere 30 Min. ruhen lassen. Focaccia mit Belag hat eine etwas längere Backzeit, sie braucht ungefähr 22 Min.

DANKE

Was für ein wunderbares Projekt! Ehrlich gesagt hatte ich nicht geplant, in absehbarer Zeit ein Buch zu schreiben. Doch wie so oft im Leben finden einen die besten Dinge, ohne dass man aktiv nach ihnen sucht.

Dieses Buch ist meine – unsere – persönliche Hommage an unsere Heimat: das Mittelmeer. Es ist weit mehr als nur ein geografischer Ort. Es ist eine Idee, eine Kultur, eine jahrtausendealte Zivilisation, die trotz aller Unterschiede in ihrem Kern tief verbunden ist – und es immer bleiben wird. Es sind die Gerüche, die Geschmäcker, das gemeinsame Brotbrechen, das Teilen und Zusammenkommen. Das ist die wahre Essenz dieser Region – und genau diese Essenz wollten wir mit diesem Buch einfangen.

Ein besonderer Dank geht an meine Co-Autorin Elissavet Patrikiou. Wir kennen und schätzen uns seit vielen Jahren, doch durch dieses Projekt sind wir Freunde geworden. Danke, Eli, für deine positive Energie, dein großes Herz und natürlich für die atemberaubenden Bilder, die den Gerichten Leben einhauchen.

Ein riesiges Dankeschön geht auch an meine Familie, meine Kinder und ganz besonders an meine Eltern, die meine Liebe zur Kulinarik von Anfang an unterstützt und gefördert haben. Ohne sie hätte ich diesen Weg wohl nie eingeschlagen.

Ebenso danke ich meinen Kolleginnen/Kollegen und Freundinnen/Freunden für die Inspiration, die gemeinsamen Erlebnisse und die Unterstützung über all die Jahre. Ihr alle habt mir geholfen, meine Ideen weiterzuentwickeln und dieses Buch zu dem zu machen, was es ist.

Und schließlich ein großes Lob an unser unglaubliches Team: Gerti, Jeanne und Alessandra – ihr habt mit Eli und mir unermüdlich an jedem Detail gefeilt, diskutiert, verbessert und ausprobiert. Ohne euch wäre dieses Projekt nicht möglich gewesen.

Danke an euch alle – dieses Buch ist für euch und für alle, die das Teilen von gutem Essen genauso lieben wie wir.

A

B

C

D/E

F

ZU DEN AUTOREN

Der Koch, Sommelier und Autor **Onur Elci** ist in Istanbul aufgewachsen, hat in Bilbao gelebt und ist heute in Hamburg zuhause. Auf seinen Reisen lässt er sich durch die Menschen und Kulturen inspirieren und vereint die unzähligen Geschmacksrichtungen – in die Mitte auf den Tisch!
Die Fotografin und Co-Autorin **Elissavet Patrikiou,** mit griechischen Wurzeln und ebenfalls Hamburgerin, hat die wunderbaren Momente in lebendigen Bildern festgehalten und macht die Köstlichkeiten für Auge und Herz greifbar.

Weitere Bücher von Elissavet Patrikiou:
Griechenland vegetarisch

Besuche Elissavet und Onur auf:

BACKOFEN-HINWEIS

Unsere Temperaturangaben, wenn es nicht anders angegeben wird, beziehen sich auf das Backen im Elektroherd mit Ober- und Unterhitze. Die Backzeiten können je nach Herd variieren. Details entnehmen Sie bitte der Bedienungsanleitung Ihres Backofens.

DIE BÜCHERMENSCHEN HINTER DIESEM PROJEKT

Verlagsleitung: Eva-Maria Hege
Projektleitung: Alessandra Redies
Lektorat und Satz: Gertrud Köhn
Korrektorat: Jutta Friedrich
Umschlag und Innenlayout: die basis, Wiesbaden, www.die-basis.de
Herstellung: Petra Roth
Bildnachweis: Seite 8, 10, 11, 13-2, 14, 18, 19-3, 20-1, 40/41, 42: Onur Elci; alle anderen: Elissavet Patrikiou
Reproduktion: Longo AG, Bozen
Druck & Bindung: GPS Group

www.gu.de/kontakt | hallo@gu.de

GU ist eine eingetragene Marke der GRÄFE UND UNZER VERLAG GmbH

1. Auflage 2025, ISBN: 978-3-8338-9599-9

MIX
Papier | Fördert gute Waldnutzung
FSC® C118234

LIEBE LESERIN, LIEBER LESER,

wie wunderbar, dass du dich für ein Buch von GU entschieden hast! In unserem Verlag dreht sich alles darum, dir mit gutem Rat dein Leben schöner, erfüllter und einfacher zu machen. Unsere Autorinnen und Autoren sind echte Expertinnen und Experten auf ihren Gebieten, die ihr Wissen mit viel Leidenschaft mit dir teilen. Und unsere erfahrenen Redakteurinnen und Redakteure stecken viel Liebe und Sorgfalt in jedes Buch, um dir ein Leseerlebnis zu bieten, das wirklich besonders ist. Qualität steht bei uns schon seit jeher an erster Stelle – jedes Buch ist von Büchermenschen für Buchbegeisterte gemacht, mit dem Ziel, dein neues Lieblingsbuch zu werden.

Deine Meinung ist uns wichtig, und wir freuen uns sehr über dein Feedback und deine Empfehlungen – sei es im Freundeskreis oder online.

Viel Spaß beim Lesen und Entdecken!

P.S. Hier noch mehr GU-Bücher entdecken: www.gu.de

FÜR DIE UMWELT

Dieses Buch wurde auf PEFC-zertifiziertem Papier aus nachhaltiger Waldwirtschaft gedruckt. Aus Liebe zur Natur verwenden wir leichtes Papier.

WERDE TEIL DER GU-COMMUNITY!

Du und deine Familie, dein Haustier, dein Garten oder einfach richtig gutes Essen. Egal, wo du im Leben stehst: Als Teil unserer Community entdeckst du die neuesten GU-Bücher als erstes, du genießt exklusive Leseproben und wirst mit wertvollen Impulsen und kreativen Ideen bereichert.

Worauf wartest du? Sei dabei!

www.gu.de/gu-community

© Bernhard Haselbeck

WARUM UNS DAS BUCH BEGEISTERT

Kulinarische Häppchen-Vielfalt von Mezze bis Tapas und mediterrane Lebensfreude pur – das macht gute Laune und großen Appetit aufs Ausprobieren und Teilen.

Eva-Maria Hege, Verlagsleitung